벼랑 끝에
혼자 서라

절박함을 기회로, 포기만 하지 않으면 길은 있다
벼랑 끝에 혼자 서라

초판 1쇄 발행 2015년 12월 01일
초판 4쇄 발행 2015년 12월 18일

지은이 안경지
펴낸이 백유미

CP 조영석 | **책임편집** 박혜연 | **편집장** 박은정
마케팅 남성진 김주영 | **디자인** 이정화 양현경 | **출력** 카이로스 | **인쇄** 도담프린팅

펴낸곳 라온북
주소 서울 서초구 사임당로 64 6층
등록 2009년 12월 1일 제 385-2009-000044호
전화 070-7600-8230 | **팩스** 070-4754-2473
이메일 raonbook@raonbook.co.kr | **홈페이지** www.raonbook.co.kr

값 13,800원
ISBN 979-11-5532-205-5 13320

이 책은 저작권법에 따라 보호를 받는 저작물이므로 무단전재 및 복제를 금지하며, 이 책 내용의 전부 및 일부를 이용하려면 반드시 저작권자와 (주)니카 라온북의 서면동의를 받아야 합니다.

* 라온북은 (주)니카의 출판 브랜드입니다.

이 도서의 국립중앙도서관 출판시도서목록(CIP)은 서지정보유통지원시스템 홈페이지 (http://seoji.nl.go.kr)와 국가자료공동목록시스템(http://www.nl.go.kr/kolisnet)에서 이용하실 수 있습니다. (CIP제어번호 : 2015031046)

* 잘못된 책은 구입한 서점에서 바꾸어 드립니다.

> 라온북은 독자 여러분의 다양한 아이디어와 원고 투고를 설레는 마음으로 기다리고 있습니다. 머뭇거리지 말고 두드리세요.
>
> **보내실 곳** raonbook@raonbook.co.kr

절박함을 기회로, 포기만 하지 않으면 길은 있다

벼랑 끝에 혼자 서라

안겸지 지음

: 추천사

한계를 뛰어넘는 인생을
살고 싶은 당신에게
이 책을 추천합니다!

키가 작을수록 에너지가 많은 것 같다. 오랜만에 정말 기가 센 사람을 만났다. 안겸지 대표의 자석 같은 강렬한 끌림에 나도 모르게 오늘도 그녀의 가게로 발길을 돌린다. 그녀는 벅차고 치열한 삶 속에서도 앞으로 일어날 좋은 일들에 미리 감사할 줄 아는 사람이다. 그래서 나뿐 아니라 많은 사람들이 그녀를 만나면 매력에 빠진다. 독자들이 저자의 이야기를 통해 힘을 내고 인생의 큰 변화를 갖기를 간절히 바란다.

_ 대한민국강사협회대표 **고혜성**

20년 동안 외식업에 몸담으며 여러 사람들을 만났지만 안겸지 대표는 특별하다. 그녀는 내가 아는 사람 중 가장 열심히 사는 사람이다. 그 작은 체구에서 뿜어나오는 열정과 어떠한 역경이 와도 헤쳐나가는 긍정적인 돌직구 에너지! 그녀의 눈빛을 보고 있으면 마치 이 시대의 여전사를 보는 것 같다. 이 책을 통해 많은 이들에게 꿈을 심어주고 희망을 주고 싶은 그녀의 바람이 이루어지길 응원한다.

_ 외식업체 숯불구이 황토골 대표 **김민자**

"당신은 언제나, 어떠한 상황에서도 삶을 충분히 만족스럽게 개척할 수 있다고 확신하나요? 당신은 오늘 어제보다 더 나은 삶을 살았다고 확신하나요? 당신은 그 누구보다도 수많은 실패와 시행착오를 겪었다고 생각하나요? 그리고 그 실패를 딛고 서서 끊임없이 도전했고, 지금도 도전하고 있음을 확신하나요?" 이런 질문에 주저하지 않고 "예"라고 말할 수 있는 사람은 거의 없을 것이다. 하지만 여기 한 치의 망설임 없이 "그렇다"고 답할 수 있는 이가 있다. 이 책의 저자 안겸지 대표다. 계속 진화하고 성장하는 그녀야말로 이 시대에 꼭 필요한 사람이 아닐까 생각하며, 많은 독자들이 이 책을 통해 역경을 이겨내는 힘과 인내하는 법을 배우기를 간절히 소망한다.

_ 메트라이프 대표 컨설턴트 **김봉현**

연애, 결혼, 출산을 포기하는 3포 세대라 하더니 이젠 인간관계, 내집 마련에 꿈과 희망까지 포기하여 7포 세대라 말하고, 금수저다 은수저다 태어날 때부터 사람의 계급이 정해진다는 분노어린 인간계급론까지. 패배감이 넘쳐나는 대한민국 자화상이다. 아프고 쓰리다. 이런 우리에게 안겸지 대표가 들려주는 삶의 이야기에서 한 줄기 희망의 빛을 찾을 수 있지 않을까 한다. 이 책은 우리가 우리 삶을 사랑하고 우리 모두가 사랑하는 삶을 살 수 있도록 하는 진심 어린 고백서다. 수없이 쏟아지는 신간 속에서 이 책은 삶의 고난을 극복하고 자신을 삶의 주인공으로 만들어가는 사람들의 지침서가 될 것이다.

_ 국민건강되살리기대혁명프로젝트 친환경유기농뷔페 농정심 대표 **김석훈**

지칠 줄 모르는 호기심과 두려워하지 않는 도전정신으로 무엇이든 배우려 하는 그녀의 열정은 함께 있는 사람에게도 에너지를 전한다. 그래서 '나는 될 때까지

한다'라는 그녀의 말은 이 책을 읽는 모든 사람들에게 행동할 수 있는 자신감을 심어줄 것이라 생각한다. 사는 게 힘들다고 말하는 당신이라면 안겸지 대표의 긍정적인 생각과 열정을 모방해 보면 어떨까?   _ 엘림들깨수제비 대표 **김영록**

'업'의 본질을 정의하고 사업을 전개하는 것은 매우 어려운 일이다. '내 인생 최고의 선물은 결핍의 시간이다'라는 저자의 말은 탈무드에서 얘기하는 '쇠의 녹은 오래된 것을 제거하고 새로운 것을 탄생하게 한다'는 의미와도 일맥상통한다. 이 책은 음미할 만한 마케팅 이론과 함께 생생한 현장감이 더해져 나를 흥분시켰다. 결핍 극복의 힘, 기회를 만들어내는 힘, 시간의 힘으로 더 성숙하고 강인한 자신을 만들어낸 안겸지 대표의 말은 외적인 요소들에 휘둘리고 중심을 잡지 못하는 많은 이들에게 큰 교훈을 준다.   _ 외식업체 무화장 대표 **박명한**

인간은 논리적인 정보보다는 감정에 공감할 때 교감을 느끼고 행동한다고 한다. 이 책은 안겸지 대표의 변화와 혁신에 대해 끊임없이 고민하고 실천한 경험담과 파는 비즈니스가 아닌 팔리게 하는 비즈니스에 대한 노하우를 담고 있다. 대중의 변화를 감지하고 문화로 정착시키기 위한 안 대표의 경험담은 현실에 안주해 있는 우리들을 자극하기에 충분하다.   _ 원앤원주식회사 대표이사 **박천희**

이 책의 제목처럼 '벼랑 끝에서 새 삶을 시작한 사람'이 바로 안겸지 대표이다. 절박함에서 시작한 삶, 그러나 꿈과 열정을 갖고 끊임없이 도전한 삶이 오늘의 안겸지를 만든 원동력이라 생각한다. 열네 살 어린 나이에 사회생활을 시작하여 고통 속에 20대를 보내는 과정에서도 실망하지 않고 내실을 키운 그녀가 폐업 직전에 있는 식당을 여주 최고의 외식업체로 키워가는 과정을 나는 곁에서 생생히 보아왔다. 맹랑할 정도로 적극성을 갖고 열심히, 열정을 갖고 배우는 모습이나 즉시 행동하는 그녀의 모습에서 강함을 느꼈다. 안겸지 대표의 삶이 진솔하게 녹아 담아 있는 이 책을 통해 어려운 삶을 살아가는 많은 이들이 꿈과 희망을 갖게 될 것이라 믿는다.

_ 한국외식정보(주) 대표이사 **박형희**

밝고 유쾌한 모습 뒤에 가려진 삶에 대한 엄청난 의지와 끈기를 처음에는 알지 못했다. 그러나 안겸지 대표는 만날수록 매력이 넘치는 진국이었다. 어린아이가 넘어지는 것이 두려워도 일어나 시도하고 또 시도해서 넘어지지 않고 걷고 뛰는 것처럼, 지금보다 더 나아가 마라토너같이 멋지게 달리는 그녀의 모습을 상상한다. 불굴의 의지로 어떤 고난도 두려워 않고 시도하고 또 시도하는 안겸지 대표를 응원한다.

_ 후레쉬빌 대표 **박호찬**

세상에서 제일 밝은 빛을 가진 사람이 아마도 안겸지 대표일 것이다. 그녀에게는 어떤 것도 문제될 것이 없고, 못 할 것이 없다. 너무나 즐겁게 모든 일을 해내는 안겸지 대표를 통해 대리 만족을 느끼고 더불어 변화하는 나를 돌아보게 된다. 이 책을 통해서 그녀의 생각이 더 많은 사람들에게 긍정적인 영향을 미치길 바란다.

_ 머니쉐프 **배명숙**

나는 실행을 최고의 미덕으로 안다. 내가 본 안겸지 대표는 실행하는 자의 표본이다. 그녀는 잘할 수 있을 때까지 기다리지 않는다. 잘하는 것이 중요한 것이 아니라 일단 하는 것이 중요하다는 것을 안다. 그리고 그 앎을 삶으로 살아낸다. 사는 게 힘들 때, 파는 게 힘들 때, 실패에서 일어서고 싶을 때, 이 책을 읽어라. 이 책에 실린 그녀의 삶 속에서 길을 찾을 것이다.

_ 발표불안해결사, 《스피치의 매력에 빠지다》 저자 **빈현우**

동그란 얼굴에 동그란 안경. 난 안겸지 대표의 안경이 늘 궁금하다. 그녀는 작은 사람을 크게 만들고 어려운 일을 쉽게, 힘든 일을 즐거운 일로, 안되는 일을 하고 싶은 일로 바꾸는 놀라운 능력을 가졌다. 불평을 감사로 볼 수 있게 만드는 그녀의 인생관이 어쩌면 그녀의 동그란 안경이 하는 일이 아닐까, 상상하기도 한다. 우리 삶은 장애물로 가득하다. 불평하는 동안 시간은 흘러가고 우리는 그렇고 그런 인생을 살게 될지도 모른다. 자, 그녀의 안경을 통해 세상을 보자. 오늘 그녀가 내놓는 이 책이 어쩌면 당신에게 세상을 새롭게 보게 할 신비한 안경이 되어줄지도 모른다.

_ 광고대행사 금강오길비 이사 **엄한영**

힘든 유년 시절을 잘 이겨내고 당당하게 성공한 안겸지 대표는 이 시대를 사는 모든 이들에게 큰 길잡이가 되어주고 미래의 지평을 열어주는 모델이다. 이 책에는 그런 그녀의 인간미 넘치는 인생철학의 노래가 있다. 어려운 여건 속에서도 위기를 잘 극복하고 항상 희망을 품고 포기할 줄 모르는 그녀에게 박수를 보낸다.

_ 세계국선도연맹 이천수련원 원장 白若 **엄태희**

나와 저자는 그녀가 운영하는 횟집 '허수사'를 통해 세무사로서 인연을 맺었다. 그녀가 항상 웃는 얼굴로 세인들을 대하며 겸손한 마음으로 자기 자신의 직업에 대한 자부심을 갖고 사는 모습을 보며 참 대단하다는 생각이 들었다. 안겸지 대표의 이야기를 들으며 저 먼 나의 어린 시절을 비추어 본다. 오십 대 중반에 마차를 끌다 뺑소니 차에 치어 7년 동안 걷지도 못하고 방안에만 누워계셨던 아버지. 새벽 4시부터 전날 물에 불린 두부콩 껍질을 걸러 맷돌에 갈아내는 것을 시작으로 하루를 시작하시던 어머니. 두부장사, 떡장사, 소금가마를 머리에 이고 동네마다 팔러 다니셨던 그 어머니. 나보다 나이가 어린 안겸지 대표에게서 나는 희생과 사랑의 삶을 산 어머니를 떠올렸다. 나는 세상의 하잘 것 없는 것에서도 배우고 사소한 일에도 감사하고 힘들어하는, 이웃과 함께 아파하며 꿈과 희망을 심어 주고 있는 그녀를 존경한다. 그래서 나는 그녀를 '바보'라 부른다. 현명한 바보, 감사 바보. 작은 일에도 감사하고, 겸손하고, 일어나지 않을 일에도 미리 감사하는 그녀는 사랑받을 수밖에 없다. 이 책을 통해 그런 안겸지 대표의 이야기가 더 많은 사람들에게 전해지길, 간절히 바란다. _ 여주시장 **원경희**

'그럼에도'라는 섬에서 태어나 '역경'을 뒤집어 '경력'으로 만들기 위해 어떤 상황에서도 도망치지 않고 도전한 사람, 그렇게 도약의 꿈을 온몸으로 겪으며 체득하여 평생 재산을 쌓은 사람, 그녀가 바로 안겸지 대표다. 안되는 이유보다 되는 방법을 찾으며, 겸손한 자세로 늘 배움을 갈구하면서 지고의 경지에 이르는 깨달음을 고스란히 담은 이 책은 모든 사람들이 중독되어야 할 필독서다.

_ 지식생태학자, 한양대 교수, 《나는 배웠다. 그리고 아직도 배우고 있다》 저자 **유영만**

마케팅 대행사보다 온라인마케팅을 더 잘 아는 사람, 깊은 아픔의 경험에서 나오는 진실된 친절과 배려로 사람의 마음을 움직일 줄 아는 사람, 출생과 학벌 같은 사회적 장벽 따위 노력 하나로 의미 없는 것들로 만들어버린 사람. 안겸지 대표를 표현할 수 있는 말들이다. 내가 보아온 그녀는 그누구보다 부지런하고 유쾌한 사람이다. 공간과 시간의 제약으로 소개하지 못한 그녀를, 이제 편하게 누구에게나 책으로 대신 소개할 수 있게 된 것이 감사하다. 이 책을 통해 사회적 장벽 속에 좌절하는 모든 이들이 용기를 얻길 바란다. _ 애드리절트 대표 **이승민**

어떤 시련과 고난에서도 좌절이 아닌 꿈과 희망을 만들어가는 안겸지 대표, 그녀는 주인공으로 삶을 산다. 이 책에 담긴 저자의 간절함과 절박함의 스토리는 진정한 삶의 의미와 가치를 일깨워준다. 오늘을 꿈꾸고 내일을 만들어가는 모든 이에게 이 책을 꼭 권하고 싶다. _ Idea Doctor, 《세상은 문 밖에 있다》 저자 **이장우**

안겸지 대표는 카카오 스토리 마케팅 강의를 통해서 알게 되었다. 마케팅 대행사에 몇 번을 당하고서, 이제는 본인이 제대로 알아야 하겠다는 의지가 대단했다. 지난 1년 넘게 거의 매일 통화를 했다. 그렇게 그녀는 모바일 마케팅 강의가 가능할 정도로 성장했다. 집요함과 꾸준함이 얼마나 중요한지를 보여주는 대한민국 최고의 실천가라 생각한다. 앞으로 '외식업 모바일 마케팅=안겸지'라는 공식이 생기지 않을까 생각한다.
_ 모바일 마케팅 전략 연구소 소장 **임헌수**

안겸지 대표를 처음 만난것은 DID 강연 코칭에서 였다. 횟집을 운영한다며 명함을 내밀던 예쁜 모자를 쓴 작은 체구의 그녀는 알고 보니 여주 1등 매출의 횟집을 운영하고 있으며, 소상공인 모바일 마케터로 전국에서 손님을 몰려오게 만든 장본인이었다. 이 책은 그녀의 삶과 함께 성공적인 식당 운영 노하우, 온오프라인 마케팅 노하우까지 생생하게 담겨 있어, 많은 소상공인들의 희망이 될 수 있을 것이다.
_ 확률세일즈마스터, 《10억 연봉에 도전하는 세일즈맨이 되자》 저자 **정원옥**

불가능을 뜻하는 'Impossible'에 희망의 점 하나를 찍으면 '가능'을 의미하는 I'm possible이 됩니다. 띄어쓰기 하나가 Dream is nowhere를 Dream is now here로 바꾸고요. 결핍을 의미하는 '빚'에 열정의 점 하나를 찍으면 충만을 뜻하는 '빛'이 됩니다. 감사의 한 획을 그으면 매울 신(辛)이 행복 행(幸)이 되고요. 희망의 점 하나, 도전의 띄어쓰기 하나, 열정의 점 하나, 감사의 한 획이 모이면 절망, 좌절, 안주, 불평의 문장에 마침표가 찍힙니다. '여주 시민과 함께하는 행복나눔 토크콘서트' 연사로 모시기 위해 안겸지 대표를 처음 만났습니다. 그녀의 인생 이야기를 듣고, 이번 책의 초고까지 읽고 나니 인생은 이렇게 치열하게 살아야 하는구나. 생각이 듭니다. 이 세상에 희망은 많지만 비로소 우리는 이 책을 통해 '손에 잡히는 희망'을 만날 수 있게 되었습니다. 다음 문장을 이어 써야 하는 작가는 이 책을 읽은 독자, 바로 당신입니다.
_ 감사스토리텔러 **정지환**

안겸지 대표는 '밝고 열심히 사는 사람'이다. 하루 2시간만 자면서도 손님에게는 누구보다 밝게 인사하고, 상에 나갈 음식을 정성스레 차린다. 먹기도 아까운 그 음식으로 그녀는 사람들의 마음을 치유한다. 바다의 향기와 맛반찬으로 사람들이 온전히 쉴 수 있도록 하는 것이 그녀의 주특기다. 누구보다 치열하게 살면서도 따뜻한 배려의 삶이 뚝뚝 묻어나온다. 힘겨운 삶 속에서도 매일매일을 기록하는 그 모습에 나를 돌아보며 반성했고, 주변에 늘 베풀고 사는 그 모습에 많은 사람들이 용기와 희망을 얻는 것을 오랫동안 지켜보았다. 이제 그녀만의 스토리가 당신의 가슴에 먹먹한 파도로 메아리칠 시간이다.

_ 사)대한민국브랜드협회 이사장 **조세현**

안겸지 대표의 환한 미소는 고객들의 마음을 사로잡는 살인 미소다. 그렇지만 마음속으로는 누구보다 치열하게 산다. 자신을 가장 절박한 상황 끝으로 몰아넣고, 끝까지 해내고야 만다. 그녀의 이야기를 듣다 보면 나도 모르게 눈시울이 붉어진다. 책을 읽으면서도 시도 때도 없이 목울대가 울컥대는 것을 참느라 힘들었다. 시련을 거름 삼아 오뚝이처럼 일어나는 안 대표의 모습은 스스로 '3포 세대'라 말하며 제대로 시도하지도 않고 지레 포기하는 많은 청춘들에게 큰 시사점을 준다. 안겸지 대표의 온화한 미소 속에 강인한 불굴의 정신으로 주어진 삶에 최선을 다하며 살아가는 이야기가, 지금 가장 힘든 강을 건너는 당신에게 희망의 등불이 될 것이라 확신한다.

_ 사)명성황후추모사업회 대표, 우먼라이온스클럽 초대회장 **황선자**

: 머리말

결핍을 선물로,
위기를 기회로.
오늘도 나는 행복하게 삽니다

.

나는 뭐든 잘 파는 여자다

내 손을 거치면 세상 어느 것도 팔리지 않을 게 없다고 감히 자부한다. 나는 현재 여주시 식당 통합 1위 매출을 기록하는 '허수사횟집'을 운영한다. 가게 한 달 매출이 1억 원을 달성한 적도 많다.

　가게 안에 만들어 놓은 미니마켓에서 파는 상품들도 다양하다. 부가상품으로 올리는 수입도 만만치 않아 총매출의 상당 부분을 차지한다. 무엇을 어떻게 팔 것인가는 순전히 상품을 보는 눈과 나의 동물적인 감각에 달려있다.

내가 이 책을 쓰게 된 동기는 간단하다. 어느 날 주위를 둘러보다 연봉 1억 원을 최대 목표로 삼는 사람들이 많다는 걸 알게 되었다. 내가 이미 이룬 것을 누군가는 인생 최대 목표로 한다는 사실을 알고 나자, 경영전략가로서 그리고 잘 파는 여자로서 가게를 지탱하는 방식이나 노하우를 사람들과 공유하고 싶었다.

나는 이 책을 통해 예비 사장님들 그리고 어려움에 처해 그 길을 계속 갈지 말지 밤잠을 설치는 전국의 사장님들과 같이 아파하며 같이 울고 싶다. 내가 말하는 것들이 정답은 아닐 수 있지만 해답은 될 수 있다고 본다. 용기나 희망을 보았든, 반짝이는 아이디어를 얻었든 내 삶의 방식들이 보탬이 되었으면 좋겠다.

내 인생 최고의 선물은 결핍의 시간들이었다

나를 가장 나답게 만드는 것 또한 마찬가지다. 내가 많은 기회와 마주할 수 있었던 것은 너무 못 배우고 가진 것이 없었기에, 그래서 아무런 희망이 보이지 않았기에 가능했다. 아무것도 없으니 세상의 모든 것에서 배움을 얻으며 아주 사소하고 보잘것 없는 기회에도 감사한 마음으로 노력할 수 있었다.

'너 아니어도', '이것 아니어도' 할 수 있는 다른 선택의 여지는 없었다. '오직 당신만이', '오직 이것만이' 하는 생각으로 지독하게 매

달리며 달려왔다. 실낱같은 작은 기회를 큰 밧줄의 기회로 만들어가는 힘, 그것은 갈급함이며 진정성 어린 소망이며 겸손의 자세였을 것이다.

내가 첫 사회생활을 시작한 것은 14살 때 학교를 그만두고부터였다. 학교를 그만둔 나는 봉제공장에서 세상으로의 첫걸음을 내디뎠다. 학교를 그만두었다고 공부를 멈춘 것은 아니다. 재봉틀 옆에 영어단어장을 놓고 공부해 검정고시를 통과했고 2년제 야간대학도 졸업했다.

나는 지금까지 살면서 최선을 다하지 않은 적이 없다. 내가 그런 노력들을 할 수 있었던 건 모두 유년시절의 기억으로부터 비롯되었다.

엄마는 내가 태어났을 때부터 아픈 사람이었다. 미친년. 사람들은 엄마를 그렇게 불렀다. 나는 나중에야 엄마가 신내림을 받아야할 사람인데 외갓집에서 거부해 그렇게 됐다는 소리를 들었다. 신병이든 그냥 아팠든, 내 위로 자식이 줄줄이 다섯이나 죽었다는데 어미로서 제정신인 게 더 이상하지 않았을까.

엄마는 저녁 무렵이면 동네가 떠나가라 노래를 불렀다. 가요도 아니고 민요도 아닌 이상한 노래. 나는 그게 창피하고 듣기 싫어 귀를 막고 이불속에서 노랫소리가 제발 빨리 끝나기를 기다렸다. 그러던 어느 날 아랫집 아저씨가 엄마 멱살을 끌고 가 뺨을 때리고 무릎을 꿇어앉히는 일이 벌어졌다. 다시 한 번 노래를 부르고 소리 지르면 죽여 버리겠다는 협박도 했다.

어린 나는 숨죽이며 문에 난 구멍 틈으로만 바깥상황을 살폈다. 한참을 때리고 설교하던 아저씨가 돌아가고, 엄마는 마루로 올라서며 나에게 말했다.

"너는 엄마가 맞고 있는데 나와 보지도 않냐."

당시 나는 힘없는 어린아이였고, 무엇을 해야 하는지 모르는 나이였다. 오빠 둘과 바로 위 언니는 초등학교만 졸업하고 공장과 식당으로 나가 막내인 나만 시골집에 살고 있었다. 마을에 갔던 아버지가 저녁 무렵 돌아왔지만 나는 차마 얘기하지 못했다. 못 배우고 키도 작고 총기 약한 아버지가 어떻게라도 대항하지 못할 거라는 걸 알기 때문이었다.

동네사람들은 내가 지나가면 미친년 딸이라고 뒤에서 수군거렸다. 나는 늘 어깨를 웅크린 채 땅만 보고 걸어다녔다. '엄마가 맞고 있는데 나와 보지도 않느냐'는 엄마의 말이 목에 걸린 가시처럼 내내 깊게 남았다. 가슴이 무언가에 베인 것처럼, 힘없고 무기력했던 나 자신이 매번 쓰라리고 아팠다.

중학교 1학년 봄, 누구하나 따뜻하게 감싸주지 않고 업신여기고 무시하기만 하는 학교와 동네를 떠나 서울로 상경했다. 후회 같은 건 하지 않았고 그것은 지금도 마찬가지다. 성공해서 엄마와 아버지께 든든한 보호막과 울타리가 되어주고 싶었다. 오직 그 마음이 모든 것일 만큼 나는 절박했다. 그런 간절한 염원은 결국 지금의 나를 만들어낸 씨앗이 되었다.

진정성으로 승부한다

볼링공을 쪼개면 가운데 공 안에, 핀을 맞고 튕겨나가지 않게 잡아주는 또 다른 작은 공이 중심을 잡으며 안착되어 있다 한다. 그 중심공이 되어주는 것이 나는 '진정성'이라 생각한다. 나는 진정으로 꼭 성공해 엄마와 아버지께 단단하고 힘 있는 보호막이 되어드리고 싶어 어떤 상황과 마주해도 쓰러지지 않았다. 마음속에 늘 여러 가지로 부족한 부모님이 계셨기에 앞만 보고 열심히 살 수 있었다.

그때 열네 살의 봄, 서울행 버스에 오르며 한 가지 다짐한 것이 있다. '나중에 내가 성공하면 검은 세단에 엄마와 아버지를 모시고 동네 한 바퀴를 기어코 돌겠다', '당신들이 업신여겼던 우리 부모님이 그리고 성공한 내가 여기 있다' 보란 듯이 반짝거리는 모습으로 그들 앞에 나타나고 싶었다. 아마 동네사람들에게 복수하고 싶었던 치기어린 마음의 발로였을 것이다.

그러나 그러지 않았다.

보여주지 않아도, 나는 이미 보이는 사람이 되었기 때문이다. 대신 베풀면서 산다. 내 방식들을 벤치마킹하러 오는 분들에게 아낌없이 내어주면서 산다. 보이지 않아도 베풀며 사는 것, 공유하고 나누면서 사는 것, 그것이 진정한 성공이다.

　종종 의지와 상관없이 내 무릎이 꺾일 때도 있다. 그때마다 뒤돌아보면 새까만 눈동자로 서 있는 봄날의 열네 살 내가 있다. 잘 가고 있다고, 힘을 내 일어나 걸으라고 등을 토닥이며 그녀가 내게 말한다.
　그래서 다시 일어나 최선을 다해 걷는다. 어느 순간에도 나는, 이 걸음을 멈추지 않을 것이다.

차례

:추천사
한계를 뛰어넘는 인생을 살고 싶은 당신에게 이 책을 추천합니다!

:머리말
결핍을 선물로, 위기를 기회로. 오늘도 나는 행복하게 삽니다

1 장
사는 게 힘들다고 말하는 당신에게

01 절박함을 간절함으로 바꿔야 산다 ···· 25
02 '위기'는 '위대한 기회'의 다른 말 ···· 33
03 전환의 지점을 포착해라 ···· 40
04 되는 사람을 만나라 ···· 49
05 미치면 길이 보인다 ···· 58

2 장
파는 데 미치면 길이 열린다

01 나의 꿈을 팔아라 ···· 67
02 나의 말을 팔아라 ···· 75
03 나의 아이템을 팔아라 ···· 82
04 나의 신념을 팔아라 ···· 91
05 나의 고생을 팔아라 ···· 100

3 장

실패한 그 자리에서 일어나는 5가지 방법

01 포기하는 법을 잊어라 ···· 111
02 인생의 거센 파도를 즐겨라 ···· 118
03 포지션을 정해라 ···· 123
04 강의를 듣고 책을 읽어라 ···· 130
05 일단 일어나서 길을 만들어라 ···· 139

4 장

잘 파는 여자 안겸지의 '팔아서 사는 법'

01 0원으로 하는 컨설팅 ···· 149
02 100만 원의 법칙 ···· 158
03 나는 이론보다 '감'을 믿는다 ···· 163
04 '언어의 스킨십'을 기억하라 ···· 171
05 직원도 손님이다 ···· 181
06 부가 매출이 효자다 ···· 189

5 장

당신의 간절한 꿈을 파세요

01 생각의 눈으로 돌아보라 ···· 195
02 인생에서 돈은 아무것도 아니다 ···· 203
03 내 자리에서 성공을 이룬다 ···· 211
04 남들이 손가락질해도 나는 배운다 ···· 218
05 나는 고수다, 그래서 성과를 낸다 ···· 225

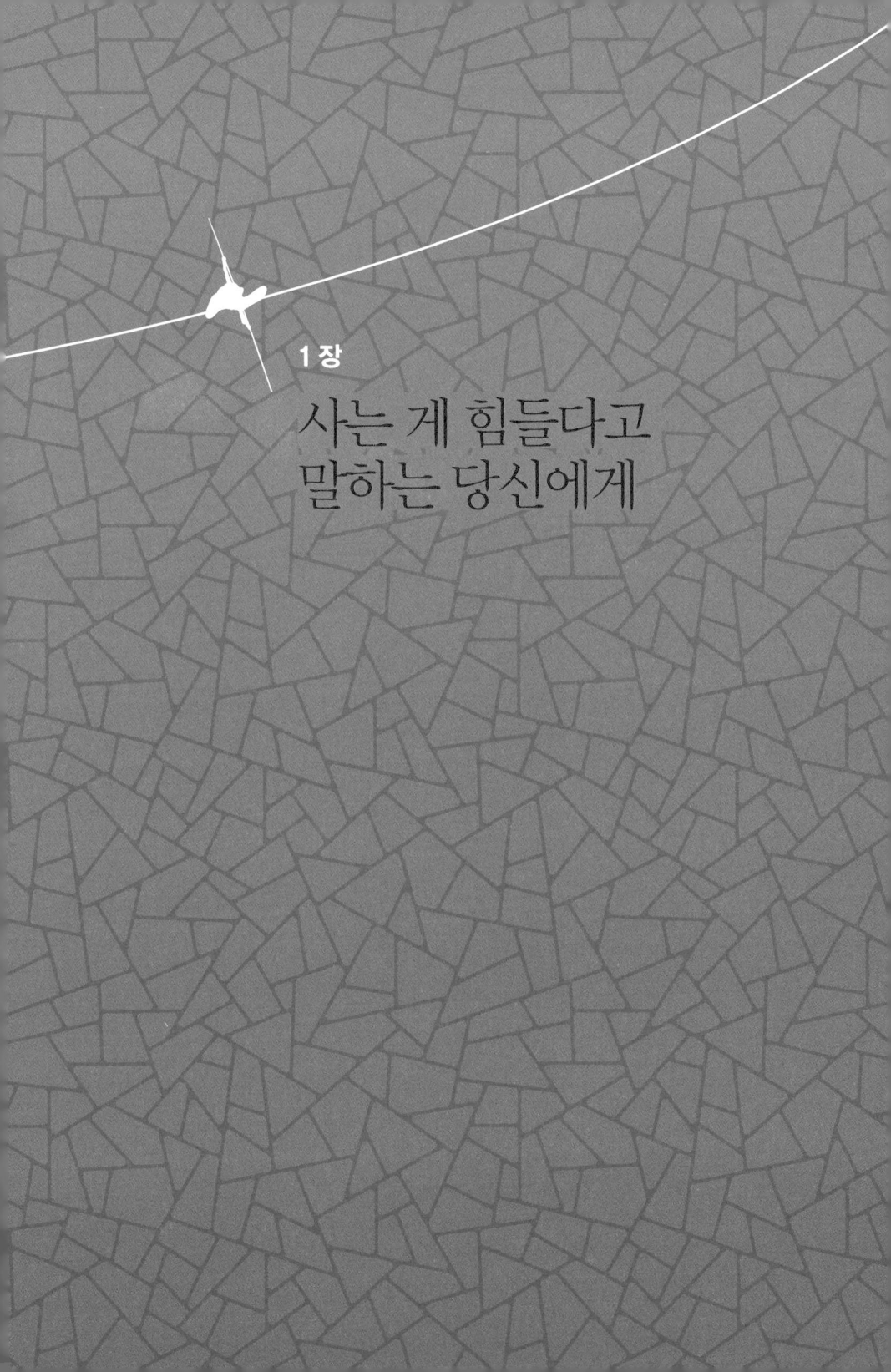

1장
사는 게 힘들다고 말하는 당신에게

# 01

절박함을 간절함으로 바꿔야 산다

결핍의 다른 이름

결핍에는 아이러니하게도 또 다른 이름의 '기회'가 담겨 있다.

 부족하지 않으면 채우려 시도하지 않는 게 사람의 마음이라 생각한다. 땀 흘려 노력하고 될 때까지 도전해 얻는 것들에는 기묘한 빛이 어린다. 고통스럽지만 그만큼 숭고하고 아름답게 반짝거리는 것들, 나는 그게 무엇인지 알고 있다.

 가끔 사람들은 묻는다.

"어떻게 그런 사람을 만나게 되었나요? 어떻게 그런 결과를 냈나요?"

어릴 때 사회생활을 시작했으므로 당연히 내게 학연이 있을 리 없다. 이렇게 저렇게 의논할 스승, 선후배가 없었기에 앞에서 끌어줄 사람도 없었다.

돈 또한 마찬가지였다. 모든 게 부족한 환경에서 살다 보니 내 몸 이외의 것들이 다 스승이 되었다. 어떤 열악함이나 악조건도 기회로 삼을 수밖에 없었다. 사람의 발이 밑바닥에 닿으면 세상 모든 것을 기회로, 세상 모든 사람을 스승으로 삼게 된다. 가장 어두운 밑바닥에 발바닥이 닿는 것, 하루가 뜨거운 징검다리처럼 느껴져도 맨발로 디뎌야 하는 것, 내게 산다는 것은 그와 같았다. 하지만 나뿐만 아니라 누구나 그런 뜨거운 징검다리를 지나며 살고 있을 것이라 생각한다.

당신이 결핍의 상태에 있다고 느낀다면, 결핍과 같은 양으로 기회가 있다는 걸 잊지 말아야 한다. 겸손한 마음으로 누군가를 만나고, 아무것도 아닌 일에도 귀를 기울여야 기회가 스며든다. 그것은 아주 가는 실낱과 같아 몸을 낮추고 마음을 낮추지 않으면 보이지 않는다.

누군가 당신은 살아남은 자인가 묻는다면, 나는 감히 "그렇다"고 답하겠다. 이것은 내 신념이 만들어낸 결과다. 이런 자신감을 비난하는 사람도 있겠지만 나는 결코 흔들리지 않는다.

자신감에는 반복이 숨어 있다

어떤 일이든 처음 접한다면 누구나 서툴고 자신감이 없을 수밖에 없다. 처음인데 아주 잘하고 심지어 완벽하게 해낸다면 그는 천재거나 신의 영역에 있는 사람이다.

물론 각기 개인마다 능력의 차이는 있을 수 있다. 감각이 뛰어난 사람이나 그쪽으로 머리가 잘 돌아가는 사람은 목표를 단박에 이루기도 한다. 그러나 천재적인 것에는 한계가 있기 마련이다. 천재적 감각이 한계에 부딪치면 좌절감은 그렇지 않은 사람보다 몇 배로 크다. 비슷한 한계가 계속 이어지면 결국 버티지 못하고 쓰러진다.

자신감을 얻으려면 가장 먼저 무엇을 해야 할까.

사람 성정에 따라 마인드컨트롤도 해야겠지만, 나는 무엇보다 '반복'이 동반되어야 한다고 생각한다. 반복의 개념에는 '간절함'이라는 의미가 스며 있다. 대충 넘기려는 마음으로 임한다면, 꼭 그만큼밖에 얻지 못한다. 최고의 맛을 찾기 위해 밤새 똑같은 음식을 만들며 연습하고, 목표의 성과물을 향해 끝없이 반복하며 노력한다면 그는 그 분야의 고수가 될 수 있다.

똑같은 일을 오래도록 반복한 경험이 내게도 있다. 가게를 이전할 당시 직원 두 명이 동시에 그만두게 되었는데, 나는 직원을 새로 뽑지 않기로 했다. 대신 양팔 걷어붙이고 주방으로 들어갔다. 아무리 내 사업장이어도 내가 주방 일을 잘 모르면서 직원들에게 일을 시키는 건 모순이라는 생각이 들었다. 남편은 무슨 수로 두 명이 하던 일을 혼자 하느냐고 난리였다. 하지만 나는 주방 일을 완벽하게 해내기 전까지는 사람을 쓰지 않겠다고 선언했다.

아침부터 밤늦게까지 설거지부터 밥하기, 탕 끓이기, 구이, 소스 만들기 등의 일을 반복에 반복을 거듭했다. 아침 여덟 시에 출근해도 영업 준비가 완벽하게 안 되니 일곱 시에 가게로 나왔다. 피곤해서 일어나기 싫을까봐 옷을 바로 입게끔 가지런히 놨다가 알람이 울리면 씻지도 않고 대강 챙겨 입었다.

영업 준비를 한 다음 다른 직원들이 출근하면 그때 씻으러 집으로 다시 왔다. 어떻게 하면 효율적으로 일을 할 수 있을지 퇴근 후 잠도 안 자고 연구했다. 날마다 똑같은 날이 계속되었지만 주방 일을 완벽하게 해내겠다는 목표가 있으니 이를 악물고 버틸 수 있었다. 직원은 언제든 다시 뽑을 수 있으니 내가 나서지 않아도 되는 상황이었다. 하지만 끝까지 손을 놓지 않았고, 어느 순간 회 뜨는 것 빼고는 주방의 모든 일을 완벽하게 할 수 있게 되었다.

반복이라 해서, 기계처럼 똑같은 일을 반복하라는 뜻으로 오해하지 않았으면 좋겠다. 억지로 채우려 시도하는 것이 아니라 내가 선택해서 열정적으로 그런 일들을 계속 한다는 말이다.

이런 일은 마음의 시선을 바꿔야 가능하다. 관점을 다르게 맞추면 기존에 알지 못했던 새로운 세계가 열린다. 당신이 어떤 일을 하려는데 자신이 없다면 그 일을 잘할 수 있을 때까지 반복해야 한다. 그것이 최대의 빛을 발하는 순간, 당신이 손에 쥔 그 빛은 가장 영롱하게 빛날 것이다.

열정이 나를 움직인다

'부족하니 겸손할 수밖에 없다.'
오랫동안 그런 생각으로 살았다. 그게 당연한 일이라 여겼다. 그러나 사는 동안 여러 일과 사람들을 겪어보니 부족해도 겸손하지 않은 경우가 많았다. 부족한데도 겸손하지 않을 수 있다니, 머릿속이 복잡했다.

나는 내 부족함을 메우려 지독히 노력했다. 내가 가진 게 없으므로, 배운 게 없으므로 굽히고 물러나야 하는 일과 매 순간 마주쳤다. 부족하다 생각하니 한없이 자괴감이 들었기 때문이다. 굽히지 않으려, 물러나지 않으려 내 부족함을 메우기 시작했다.

책을 읽고 강의를 듣고 마음을 다스리며 명상의 시간을 갖는 동안 한 가지 중요한 생각을 하게 되었다. 겸손은 부족하든 부족하지 않든, 그런 것과 상관없는 자세가 아닐까. 나를 낮추고 돌아보며 반성하는 것은 각자의 선택임을, 개인의 소양임을 깨달았다. 그리고 나자 많은 것들이 달라졌다. 나는 자괴감과 위축되는 마음을, 채워야 당당할 수 있다는 못난 생각을 떨쳐버렸다.

그 뒤로 나는 더욱 당당하게 책을 읽고 강의를 듣고 수많은 음식점을 탐방했다. 새롭게 뜬 눈으로 사람들을 바라보고 만나기 위해 노력했다. 나쁜 것에서 배우는 것들은 오히려 큰 스승이 되었다. '내 가게를 저렇게 운영하면 안 되겠다' 생각하고 그 길로 가지 않으니 실패도 적었다. 매사에 배움의 자세로 임하다 보니 나는 겸손한 마음을 잃지 않을 수 있었다.

겸손한 자세로 움직이면 예상보다 얻는 것들이 많다. 중국 '알리바바 그룹'의 마윈 회장이 성공할 수 있었던 비결은 편견 없이 세상의 변화에 그때그때 따랐기 때문이라 한다. 나는 그의 말에 깊게 공감했다. 내 주변의 아주 작은 기회를 놓치지 않으려면 사람에게 최선을 다해야 한다는 게 내 생각이다. 부족하고 가진 게 없는 누군가를 별 볼 일 없는 사람이라 생각하는가? 그것은 당신이 너무 많은 것을 가지고 있기 때문이다. 그 너무 많음이 때로는 앞으로 몰입하며 나아가는 데 걸림돌이 되기도 한다는 사실을 잊어서는 안 된다.

안 되는 이유도 배워라

잘되는 가게는 분명 이유가 있다. 독보적인 차별화가 되어 있다거나 여타의 가게들과는 다른 무언가가 숨어 있는 것이다. 사람들은 누구나 성공을 동경하며 그들이 지나간 길을 따라 걷고 싶어 한다. 잘되는 식당을 찾아다니며 벤치마킹하고, 거기서 얻은 것들을 자기가 운영하는 가게에 적용하려 모든 힘을 기울인다. 지금도 많은 사람들이 이런 방식을 고수하며 이리저리 뛴다.

성공한 곳에서 노하우를 배우는 것이 잘못됐다는 게 아니다. 잘되는 가게, 성공한 사람들만 바라보지 말고 안 되는 가게에서도 배워야 한다는 말이다. 이는 기존과는 다르게 보려는 시선을 가질 때 가능한 일이다. 실패의 바닥에서 싹을 틔운 덩굴이 더욱 튼튼한 법이다. 어떻게든 방법을 모색해 죽지 않고 끝내 솟아나는 것들은 그래서 위대하다.

잘되는 가게처럼, 안 되는 가게도 분명한 이유가 있다. 길거리를 지나다 보면 누가 봐도 딱 안 될 성싶은 가게들이 있다. 나는 주인 얼굴만 봐도 답이 바로 나온다. 아니나 다를까 식사를 해보면 재료가 신선하지 않고 실내는 지저분하고 음식도 맛이 없다. 반대로 모던하고 넓고 세련돼야 장사가 잘되는 것인가 하면 그것도 아니다. 낡고 허름해도 손님이 수시로 드나드는 곳도 있다. 낡은 옛집의 이미지를 특화로 살려 오히려 잘되는 식당들도 많다.

장사의 성패를 가르는 것 중 하나가 바로 '열정'이다. 얼마나 집중하고 얼마나 고민하느냐에 따라 많은 것들이 바뀔 수 있다. 주인이 일주일 전에 씻은 것 같은 얼굴로 반찬을 테이블 위에 탁탁 소리 내어 놓고 먹든지 말든지 하는 태도라면 누구라도 그런 집에는 가고 싶지 않다.

열정이 스민 얼굴은 상대에게도 좋은 에너지를 전파시킨다. 낡고 작고 하찮아 보이는 식당이어도 주인이 얼마만큼의 열정을 갖느냐에 따라 분위기 자체가 달라진다. 심드렁한 자세로 일관하면 딱 그만큼만 오는 게 장사의 법칙이다. 내가 무언가를 팔려면 부끄러움 따위, 고생하고 있다는 마음 따위는 버려야 한다. 손해 보지 않으려는 욕심으로만 가득하면 오히려 손해만 본다. 정성을 쏟는데도 장사가 안 된다면 다른 문제점을 찾아보아야 한다. 재료가 신선하지 않다거나 맛이 없다거나 그 장소에 맞지 않는 메뉴들로 승부를 건다거나 필시 이유가 있다.

나는 안 되는 가게에도 틈틈이 가 어떻게 하면 안 되는지 보고 배운다. 자세히 관찰하면 그런 가게들의 문제는 딱 하나로 귀결된다. '절박함이 보이지 않는다는 것' 절박하지 않으면 간절한 마음도 생기지 않는다. 간절하지 않으니 열정이라는 것도 생겨날 리 없다.

02

'위기'는 '위대한 기회'의 다른 말

능력과 배짱을 키워라

14살 어린 나이에 상경하여 경제나 경영이라는 것은 배운 적도 없었다. 나는 그야말로 '맨 땅에 헤딩' 하는 각오로 장사를 시작했다. 그러나 막상 경영이라는 문 앞에 서자 많은 문제들과 맞닥뜨리게 되었다. 남아 있는 자본도, 도와줄 사람도 전무후무했다.

아무것도 없었지만 가게를 이전하고 인테리어 작업을 감행했다. 자본이 없으니 매 순간 돈에 발목이 잡혔다. 모든 게 다 돈으로 진행되어야 했고 나는 그때마다 절망했다.

어쩔 수 없이 아버지가 계시는 전라도 친정으로 향했다. 아버지 전 재산이나 다름없는 오천여만 원을 훔치듯 가져왔다. 평생 농사지어 한 푼도 안 쓰고 모아놓은 돈이었다. 돌아오는 동안 맥이 풀렸다. 그러나 이미 건물주에게 가게 이전 선언을 해놨기에 바로 인테리어 공사 등의 준비를 해야 했다.

얼마 지나지 않아 오천만 원도 금세 바닥을 드러냈다. 돈을 더 마련해야 했다. 남편의 카드 두 개와 내 카드 두 개로 최고 한도 2800만 원. 일단 그 돈으로 급한 자재를 사고 인건비는 월급처럼 별도 지급해 최대한 알뜰하게 공사를 진행했다. 인건비를 아끼려 인부들을 도와 같이 일했다. 나는 죽기 아니면 까무러치기로 이전 준비에 매진했다. 오픈 못 시키면 죽는다. 오직 그것, 꼭 멋지게 가게를 살려야겠다는 생각 하나뿐이었다. 그래야 내가 살 수 있겠다 싶었다.

턱없이 모자라는 돈을 빌리러 사방팔방 뛰어다녔고 그때 사채를 처음 써봤다. 가게는 다행히 성공적으로 오픈했다. 손님들도 바뀐 인테리어가 예쁘다며 장사가 더 잘 될 거라 덕담을 건넸다.

가게를 이전 오픈하는 과정에서 많은 것을 느꼈다. 어떤 일을 할 때 내 목숨을 내놓고 하면 안 될 일이 없다. 그 후로 나는 여주에서 제일 깨끗하고 친절한 가게를 만들고자 아침부터 저녁 늦게까지 혼신을 다했다. 너무 무리해 두 번 정도 응급실에 실려가 링거를 맞으며 투혼도 했다. 그럼에도 내가 원하는 삶을 살 수 있으니 마냥 좋았다.

실패는 나약한 마음의 틈새를 파고든다. 죽음을 두려워하지 않는 장수가 전쟁에서 이긴다 했다. 그게 무엇이든 현재 하고 있는 일이 실패의 길로 접어들고 있다면 가만히 들여다보아야 한다. 정말 몰입하고 집중하며 모든 것을 내어놓고 최선을 다하고 있는지.

7년 전 우리 가게는 분명 위기였다. 그러나 오히려 나에게는 그것이 기회가 되었다. 적극적으로 경영권을 잡아 그 위기 속에서 살아남고 가게를 키우다 보니, 이제 웬만한 위기는 위기도 아니다. 내 능력과 배짱이 커진 것이다.

발상을 뒤집어라

'이놈의 빚만 없다면….'

이런 생각은 더 이상 발전하지도 성장하지도 않겠다는 말과 같다. 나도 가끔 몇천만 원만 어디서 들어오면 이것저것 잡스런 빚을 다 청산할 텐데, 몇 억만 있으면 싹 갚고 장사되는 대로 먹고 살면 재미있을 텐데 할 때가 있다. 그러나 그것을 자세히 들여다보면 안주하고 싶은 마음과 성장하고 싶은 마음이 서로 충돌하고 있다는 걸 알 수 있다.

누구나 잘되고 싶고, 사업체를 키워 성공하고 싶다. 성공하는 사람들 특징은 행동으로 실천한다는 점이다. 성공하는 사람과 실패하는 사람의 몇 가지 차이점이 있다. 성공을 향한 일련의 과정 속에서 생기는 문제와 경제적인 빚에 대한 스트레스를 얼마나 긍정적으로 잘 넘기느냐가 관건이다.

'이놈의 빚만 없다면'의 발상은 '도전은 너무 힘든 일이니 눈앞의 이 문제만 해결된다면 더 이상 도전하지 않겠다'는 나약한 마음에서 나온다. 그러니 그 빚을 친구나 동반자 삼아 어루만져주고 잘 사귀어 내 앞길에 필요한 등불 역할을 맡겨보자. 진정한 성공이란 바로 그런 방식으로 이루어진다.

마인드컨트롤이 얼마나 중요한지 경험해본 사람들은 안다. 빚, 이 녀석도 보는 눈과 듣는 귀가 있다. 빚의 입장에서 생각해보면, 어려울 때나 힘들 때 실컷 이용해놓고 나중에 태도가 돌변해 자신을 원망하는 사람에게 호의적인 마음을 베풀 수는 없을 것이다.

빚을 '적'으로 인식하지 말아야 한다. 누군가 그게 그렇게 쉽냐고 묻는다면 나는 말해주고 싶다. 부정적인 마음과 생각은 점점 더 부정적인 물길로 흘러간다고. 부정정인 생각은 하면 할수록 나쁜 기운을 불러들인다.

하늘에서 돈이 비로 내리는 기적은 일어나지 않는다. 빚은 하루아침에 어디서 돈이 뚝 떨어져 해결할 수 있는 게 아니다. 빚을 해결하는 과정에서 내 능력은 성장하고 대인관계가 넓어지며, 그 넓어진

반경만큼 신용은 올라간다. 내 안에는 핍진한 상황 속에서 다져진 치열함과 겸손함이 공존한다. 이것은 돈 많은 조상을 만나 하늘에서 뚝 떨어진 건물에서 장사하는 사람들은 알 수 없는 세계다.

사채빚, 은행빚, 카드깡, 보험약관대출, 식품진흥자금대출, 소상공인대출적금대출, 건물담보대출, 신용보증대출, 카드가맹대출, 관광진흥자금대출, 마이너스통장대출. 이런 용어들을 내가 어떻게 알았겠는가. 빚을 모르는 사람들은 이 단어들만 봐도 숨이 막힌다. 나는 이제 이런 단어들과 마주해도 아무렇지 않다. 어려운 일들을 잘 버무려 요리하는 능력이 커지다 보니 빚에 관한 단어를 보는 것이 일상이 되어버렸다. 남들은 네모 반듯한 4층 건물에서 장사하니 내 인생도 깔끔한 네모반듯함일 것이라 생각한다. 그러나 내가 17년 동안 어떻게 파고를 넘어 왔는지 저 대출리스트만 봐도 짐작할 수 있을 것이다.

대출 문턱을 많이 넘어 본 사람들 안에는 단단하게 내공이 쌓여 있다. 현재 내 안에 자리한 내공도 빚을 내고 해결하는 과정에서 생긴 것들이다. 오늘도 나는 저 친구들과 행복한 동행중이다.

성공은 같은 얼굴로 오지 않는다

'길이란 걷는 것이 아니다. 걸으면서 나아가기 위한 것이다. 나아가지 못한 길은 길이 아니다. 길은 모두에게 열려있지만 모두가 그

길을 가질 수 있는 것은 아니다.'　　　_드라마〈미생〉에서

자서전이나 성공했다고 하는 사람들의 책을 읽어 보면 똑같은 사례가 없다. 다들 틈새시장을 개척하고 넓혀 자기만의 길을 만들어 성공하게 된다.

종종 우리 가게의 콘셉트를 따라하거나 2호점을 냈으면 하는 사람들이 있다. 하지만 지금의 결과는 수많은 성공 인자들이 모이고 모여 만들어진 것이다. 그 인자들은 당연히 같은 색일 수 없다. 어려울 때일수록 자기만의 방법과 노하우가 절대적으로 필요하다. 타인의 노하우일지라도 자신의 방식으로 그것을 흡수하고 적용할 수 있어야 살아남는다.

나는 노하우라는 것이 참 신기한 영역이라 생각한다. 쉽게 가려고 하는 사람, 즉 미치도록 몰입을 안 해본 사람은 알 수 없다. 책을 읽어도 눈앞에서 강의를 해줘도 드러나지 않는 세계다. 머리로 듣고 새기기에 잊어버리는 것이다.

몸의 세포 하나하나가 임계점을 넘어 빅뱅이 온몸에서 일어나야 노하우는 탄생한다. 글과 말로는 표현될 수 없는 그 이상의 것이다. 손끝으로 가슴으로 그리고 온몸으로 체감하고 뿜어내는 감각의 방식이다. 함께 수업을 듣고 레슨을 받는다고 해서 모두 다 같은 실력을 발휘할 수는 없다. 그래서 노하우는 공유되거나 가르칠 수 없

다고 생각한다.

　이쯤 되면 누군가 내 노하우를 공개하는 이 책을 왜 쓰느냐고 물을지 모르겠다. 감각은 자기 안에서 홀로 솟아나는 것들이 아니기 때문이다. 외부의 무언가와 닿아 자기 안에서 녹고 또 다른 세계로 탄생되는 과정에서 발휘되는 것이 바로 감각이다. 나는 그 '외부의 무언가'라는 역할을 하고 싶다. 내가 열 가지를 주었을 때, 누군가는 열한 가지의 자기 방식을 감각을 통해 만들어낼 거라 믿는다.

　다만 각자가 이 우주에서 단 하나의 생명체이듯 노하우와 성공이라는 것도 각각 하나의 개체일 수밖에 없다. 성공은 같은 얼굴로 오지 않기 때문이다. 타인의 노하우를 참고해 내 것에 어떻게 접목시키는가에 따라 성패의 갈림길이 있을 뿐이다.

03

전환의 지점을 포착해라

상투적 이미지의 전환

나는 가게를 새로 이전 오픈할 때마다 횟집하면 떠오르는 이미지를 탈피하기 위해 노력했다.

횟집은 보통 가게 앞에 물이 질질 흐르고 이끼가 퍼렇게 낀 지저분한 전경이 떠오르기 마련이다. 이런 이미지의 횟집이 아니라, 깔끔하고 카페 같은 외관의 횟집을 목표로 했다.

가장 먼저 횟집 앞에 당연히 있는 수족관을 주방 뒤쪽으로 설치했다. 가게 앞에 물이 줄줄 흐르는 일이 없도록 하기 위해서였다. 기다랗게 옆으로 지어진 건물의 특성을 고려해 전면에 폐화유리로 된 통창을 달았다. 강변가라는 자연풍경을 살린 것이다.

창가 자리에 앉아 밖을 내다보면 그야말로 수채화가 따로 없었다. 내부 인테리어는 파벽돌로 전부 마감해 세련되면서도 깔끔하고 질리지 않는 공간이 되도록 했다. 가게 오픈 하루 전까지 간판을 달지 않고 공사를 계속해나갔다. 동네 주민들이 급기야 식당인지 카페인지 내기를 할 정도로 일명 '시크릿오픈'을 목표로 했다. 오픈 전날 간판을 달고 문을 여니 손님들이 벌떼같이 몰려들었다. 어떻게 감당을 할 수 없고 손발이 맞지 않아 애를 먹었던 생각이 난다.

깔끔한 내부 인테리어와 외관을 보고 카페처럼 예쁘다며 오는 손님마다 한마디씩 했다. 손님이 많아지니 주차장도 확보해야 했다. 마침 뒷건물의 밭이 있어서 주인을 찾아가 주차장으로 사용계약을 맺었다. 그러나 손님이 계속 많아져 그 정도로는 부족했다. 얼마 지나지 않아 옆의 땅 주인이 저렴하게 팔 테니 주차장을 넓히라고 제안했다. 그렇게 주차장을 두 곳이나 확보하니 여주에서는 규모 대비 제일 큰 주차장을 겸비하게 되었다.

지금도 우리 가게는 여주에서 가장 깔끔하게 인테리어를 한 횟집으로 입소문이 나 있다. 거의 매일 여러 곳에서 찾아와 벤치마킹해 가기도 한다. 오픈할 때 내가 예상했던 대로 창가 자리는 지금도 인기가 많다. 무상서비스로 제공하는 원두커피를 놓고 앉으면 창으로 내다보이는 자연과 어우러져 여느 카페와 다를 바 없는 풍경이 된다.

일식에서 한식 횟집으로의 전환

우리 가게는 처음 일식에 기반을 둔 횟집으로 운영했다.

나쁜 일은 언제나 한꺼번에 몰려오는 법이다. 여기저기 비슷한 콘셉트의 저렴한 가게가 생기기 시작했다. 일본 대지진으로 일식에 대한 이미지가 급격히 나빠졌고, 일식을 기반으로 운영되는 횟집들에 여파가 미칠 수밖에 없었다. 음식이 맛없다면 모를까, 우리와 상관없는 외부 요건에 지장 받는 게 나는 무엇보다 싫었다. 또한 일식은 고급 음식이고 가격의 문턱이 높다는 인식이 강해 경기 흐름에 따라 매출 변동이 심했다.

전환이 필요한 시점이 바로 지금이라는 생각이 들었다. 이에 따라 '건강'이라는 테마에 초점을 맞추고 연구해나가기 시작했다. 그러다 해초가 미세먼지 예방에 효과적이라는 사실을 알게 되었다. 나는 고심 끝에 회에 한식을 접목시키기로 했다. 해초의 효능을 배가시켜 줄 품목으로 일반김보다 영양가가 다섯 배 이상 높다는 곱창김도 선택했다. 싸먹는 방식을 바꾸고자 했으니 기존의 초장이나 고추냉이를 대신할 수 있는 소스도 개발해야 했다.

남편과 나는 규모가 작아도 입소문이 나거나 맛집으로 유명한 곳으로 돌며 벤치마킹을 했다. 남편은 음식으로, 특히 일식 쪽으로 뼈가 굵은 주방장이었다. 따라서 식견이 넓은 남편의 동행은 필수였다. 어쨌든 최후의 맛은 남편이 결정해야 한다는 생각이었다. 그러다 문득 전어젓갈이 소스역할을 할 수 있다는 기억이 떠올랐다. 전라도에서는 상추나 배추에 젓갈을 싸먹기도 한다.

곱창김에 해초와 회를 얹고 전어젓갈을 더하니 정말 깜짝 놀랄 만큼 독특한 맛이 나왔다. 바다향이 물씬 풍기고 혀끝에 남는 전어젓갈의 알싸한 맛이 회의 쫄깃한 식감과 잘 어울렸다. 오히려 초장보다 풍부한 맛의 세계를 선물한다는 생각이 들었다. 직원들과 지인들에게 먼저 시식하게 하는 것도 잊지 않았다.

나는 내친김에 메뉴도 다시 짰다. 횟집이라는 특성상 '회'를 배제한 메뉴 구성은 가능하지 않았으므로, 비율을 조절했다. 우선 한국인의 입맛에 맞는 메뉴들만 뽑아 회라는 본연의 재료에 한식 위주 사이드 메뉴를 접목시켰다.

샐러드는 기본이고 슴슴하게 무쳐낸 산나물들이나 생선 조림으로 꾸며진 사이드 메뉴는 예상보다 회에 잘 어울렸다. 소박하지만 한국인의 입맛에 맞고 꼭 필요한 영양 가치를 살린 그야말로 한국인의 밥상이라 할 수 있었다. 이는 일식의 화려한 이미지와 겉치레를 배제하고, 누구나 접근할 수 있는 친근한 이미지를 살리고자 고심한 결과였다.

나는 메뉴를 새로 구성할 때도 현대화될수록 어릴 적에 먹던 것을 찾는 '맛의 귀소본능'에 집중했다. 한국에서 나오는 계절재료로 신선함을 살릴 수 있고, 여기에 원산지 농어부들의 스토리를 곁들이니 손님들 반응은 그야말로 폭발적이었다.

나는 여기서 멈추지 않았다. 열두 시에서 두 시까지만 제공되던 점심 메뉴를 종일 주문할 수 있게 바꿔 가게의 문턱을 낮추는 일도 병행했다. 가격 부담 없이 누구나 편하게 드나들 수 있는, 꽤 괜찮은 횟집으로 만들고 싶었고 이런 전략은 적중했다.

남들이 안될 때가 나에게 기회다

불황의 기운이 사방으로 퍼져나가던 시기에 나는 주저하지 않고 '전환'을 선택했다. 무언가를 시도하는 모험은 위험하지만 두려움으로 몸을 웅크리기만 한다면, 계속 그 수준에 머물 수밖에 없다. 머리가 지끈거릴 정도로 녹록치 않은 과정이었지만 그 지점으로 돌아간다 해도 나는 다시 그렇게 할 것이다.

모든 변화에는 마찰의 지점이 있다. 변화의 속도와 폭이 클수록 손님들의 마음속에서 이는 마찰력도 그만큼 크다. 변화라는 건 손님들이 거부감을 느끼지 않도록 서서히 진행하는 방식을 택해야 한다. 가게 분위기든 메뉴의 구성이든 급격한 변화는 거부감을 줄 수 있다. 10년 단골고객이 간만에 들렀다가 '다른 집이야?' 하는 의문을 품어서는 안 된다.

부부가 장사를 같이 하면 이혼하거나 도인이 되거나 둘 중 하나로 귀결된다는 말이 있다. 그만큼 한 방향을 함께 바라보는 게 어렵다는 뜻일 테다. 한 방향을 보기 시작했다고 해서 온전히 서로 이해 할 수 있는 것도 아니다. 사람의 마음은 복잡하고 오묘해서 도무지 정답이란 게 있을 수 없다. 잘 걸어가다가도 어느 한쪽이 기우뚱하게 기울거나 갑자기 등 돌려 걷는 일도 있다. 함께 걷는다는 것은 힘들고 위험한 일이지만 또 그만큼 외롭지 않고 서로의 힘을 보완할 수 있는 관계도 될 수 있다. 이는 어둠속에서 잠자던 씨앗이 햇빛을 보고 발아해 싹을 틔운 후 무섭게 성장하는 일이다. 눈과 귀가 아닌 온몸의 세포가 다 열려 있어야만 가능하다. 이는 바로 우리 부부의 하모니에 대한 이야기이다.

내가 가장 높게 사는 남편의 장점은 정직하다는 점이다. 그의 이런 정직함은 음식으로도 고스란히 이어진다. 음식을 다루는 사람이라면 당연히 그래야겠지만, 세밀하게 들여다보면 그렇지 않은 요리사들도 많다. 남편은 모든 재료들을 아낌없이 쓴다. 그것도 팍팍 쓴다. 재료가 신선하지 않으면 고개를 외로 틀고 쳐다보지도 않는다. 의자의 등받이처럼 단단한 남편의 프로정신이 만들어낸 음식이 우리 가게의 중심으로 자리하고 있다 해도 과언이 아니다.

재료가 신선하지 않으면 한결같은 맛을 유지하기 어렵다. 아무리 화려하게 꾸며놔도 재료 자체가 갖는 기본이 변질되면 소용없는 일이다. 프로다운 소신으로 남편은 이 균일한 맛에 대해서만큼은 난 한 번도 고객을 배신한 적 없다.

그 균일한 맛을 유지하는 일을 바탕으로 우리 가게는 매년 메뉴판을 바꾼다. 무작정 아무거나 시도하는 것은 아니다. 나는 남편의 정직한 맛을 믿기에 그것을 기반으로 평소에도 늘 '어떻게, 무엇을, 왜' 바꿀 것인가를 고민하고 연구한다. 이것에 더하는 한 가지, 바로 손님들의 피드백이다. 나는 늘 홀에 상주하며 손님의 말에 귀를 쫑긋 세운다. 편하게 오가는 잡담일지라도 흘려듣지 않는다. "이 반찬은 별로야, 이건 좋아" 하는 손님의 말 한마디가 가장 좋은 스승이다.

그릇이 날개다

'담음새'도 음식의 하나다. 그러니 대충 뚝딱거리듯 쉽게 담지 않아야 한다. 생각 없이 담는 반찬 한 가지에서도 주인의 성의 없는 손길을 알 수 있다. 어느 식당 사장님은 음식 담는 것도 예술의 하나라고 생각한단다.

나는 그릇 가장자리에 묻은 고춧가루 한 점이 식당 이미지의 모든 것일 수 있다고 생각하는 사람이다. 컵에 묻은 립스틱 자국을 보면 아무리 깨끗한 식당이라도 밥맛이 뚝 떨어진다. 다 잘했는데 사소한 것 하나에서 미끄러지면 전체가 어긋나기 마련이다. 이는 물도 그냥 담지 말아야 한다는 뜻이다. 음식을 푸짐하게 담는 것과 대충 쌓듯 많이 담는 것은 다르다. 담음새도 하나의 음식이 될 수 있다. 이것은 눈으로 보는 맛이다.

여주 최초로 횟집에서 원두커피를 제공하며 커피를 담는 컵에도 주목했다. 이는 후반부의 '백만 원의 법칙'에서도 언급할 내용이다. 나는 커피 서비스를 시작하며 어떤 컵을 써야 단순히 가게 안에서만이 아니라 밖으로 나가 강가 풍경을 감상하며 마실 수 있을까 고심했다. 그러다 커피숍에서 제공하는 종이컵과 투명컵을 떠올렸다. 비용이 좀 더 들더라도 커피다운 커피는 향과 온기가 유지되어야 한다는 생각에서 나온 결과였다.

옷이 날개라는 말도 있듯 음식에도 날개가 있다. 바로 그릇이다. 어떤 그릇에 어떻게 담기는가가 중요하다. 같은 재료에 같은 음식인데도 그릇이 어떠냐에 따라 눈으로 보는 맛이 천차만별이다. 시각은 몸의 모든 감각과 연결된다. 뇌를 활성화 시키고 침샘을 자극한다.

나는 가게를 이전 오픈할 때 그릇도 모두 새로 바꿨다. 여주가 도자기의 고장이므로 도자기그릇을 구입하는 일은 어렵지 않았다. 어떤 도자기그릇일 것인가가 문제였다. 이전하기 전의 그릇들에는 대나무나 매화 그림이 새겨져 있다. 그야말로 일본색으로 가득했다.

일식의 이미지를 벗고 한식횟집으로 거듭나려면 무엇보다 그릇이 한국적이어야 했다.

발품을 팔아 도자기 공방 여러 곳을 다니며 회의 색을 흐리지 않을 가장 단순한 모양의 상아빛 그릇을 크기별로 구입했다. 다행히 손님들의 반응도 좋았다. 도자기그릇은 쉽게 깨지고 무거워 다루기 어렵다. 그러나 나는 손님 젓가락이 그 그릇에 닿으면 상상 이상의 맛있는 소리가 난다고 믿는다. 진중한 울림, 그 소리로 나는 만족했다.

04

되는 사람을 만나라

스승을 제대로 만나라

성공의 길을 걸으려면 동지들이 많아야 한다. 혼자는 결코 오래, 그리고 멀리 갈 수 없다.

어느 인류학자가 아프리카 한 부족의 어린이들에게 게임을 제안했다. 그는 사탕을 바구니에 가득 담아 멀리 떨어진 나무에 매달아 놓았다. 그리고 가장 먼저 바구니에 도착한 사람에게 사탕을 모두 주겠다고 말했다. 그가 출발 신호를 하자 아이들이 달리기 시작했다. 그런데 놀랍게도 아이들이 모두 서로의 손을 잡은 채 달리고 있는 거였다. 바구니에 도착한 아이들은 둘러앉아 행복하게 사탕을 나눠 먹었다. 학자가 물었다. 1등으로 도착하면 사탕을 혼자서 몽땅 가질 수 있지 않느냐고. 그러자 아이들이 합창하듯 말했다. "우분투!"

'우부'는 접두사이고 '은투'는 '사람'이란 뜻이니 우분투는 '사람다움'을 뜻한다.

"사탕을 혼자 다 가지면 다른 아이들이 슬플 텐데 어떻게 나만 기분 좋을 수 있어요?"

아이들의 멋진 대답이었다. '우분투'라는 이 말을 넬슨 만델라 대통령도 늘 가슴에 품고 있었다 한다. 나와 당신이 서로 연결되어 존재하므로, 당신이 행복할 때 나 역시 행복하다는 우분투의 정서를 우리는 '인연'이라 한다.

어느 늦은 저녁, 남편과 나는 황토골이라는 숯불구이 전문점을 운영하고 있는 김민자 대표의 가게를 찾았다. 김민자 대표는 연세대학교 외식산업과정 40기 동기이며 외식업계의 숨은 고수 중 한 사람이다. 늘 겸손하며 나서지 않고 조용해서 그냥 보면 동네 아줌마 같지만, 연 매출이 엄청나다. 손대는 것마다 대박을 내고 저만치 앞서 걸으며 유행을 이끈다.

나는 그녀의 진가를 진즉 알아보았다. 수업이 끝나면 댁까지 모셔다 드린다는 핑계로 납치하듯 그녀와 함께했다. 운전하며 늘 한 시간 정도 특강을 들었다. 그녀의 말에 집중하다 보면 길을 잘못 들어 한참 돌아가기도 했는데, 특강이 길어지니 나는 그것도 감사했다.

남편과 나는 그녀와 세 시간에 걸쳐 긴 대화를 나누었다. 그리고 많은 것들을 깨닫고 배웠다. 그녀의 식당 성공 노하우와 신념을 나는 지금도 공부 중이다. 아래는 그것들을 정리해 놓은 것이다.

1. 사업은 운도 따라야 하지만, 그 운도 피나는 노력을 하는 사람에게 먼저 기회를 준다. 그렇지 않은 사람에게는 운을 가장한 불운이 찾아든다.
2. 잘되는 사람은 늘 긍정적이고 얼굴에 미소가 있으며 자기 자신이 먼저 행복하다.
3. 일터를 놀이터 삼아 논다. 일을 즐기는 만큼 성공한다.
4. 끊임없이 배우고 또 배우려는 자세가 중요하다.
5. 프랜차이즈를 운영해도 본인이 어느 정도 음식의 감을 갖춰야 한다. 본사 시스템이 성공을 보장하지는 않는다.
6. 음식 장사의 기본은 베푸는 마음의 한 과정에 놓여있다. 2인 이상 주문 코스라고 해도 혼자 와서 주문하면 드시게 해라.
7. 음식 장사를 몇 년 하고 그만둘 게 아니라면 몸을 너무 혹사하지 마라. 혼자 다 일을 차지하고 모든 걸 혼자만 알고 있으면 머잖

아 성장의 한계와 맞닥뜨리게 된다. 오픈하되, 사람 잘 쓰는 연구를 해라.

8 부부가 같이 공동 운영을 해라. 남자 사상의 역할이 분명히 있다.

9 남은 음식은 직원들 보는 데서 쓰레기통에 다 쏟아버려라. 절대 외부로 싸가게 하지 마라.

10 최고의 음식은 최고의 재료에 있다. 곁들이 음식에도 최고를 써라.

11 직원은 말이 아닌 행동으로 다뤄라. 내가 먼저 솔선수범해야 따른다.

12 돈을 벌 때는 사회적인 영향까지 고려해 업종 선택이나 운영 방법을 생각해라. 돈이라고 다 같은 돈이 아니다.

13 음식을 전혀 할 줄 몰라도 음식 장사로 백억 대 자산을 모은 사람도 있다. 음식솜씨만 믿고 다른 것을 못 보는 우를 범해서는 안 된다.

14 성공한 사람들은 대부분 부모에게 효도하고 가족들을 잘 챙긴다. 모든 근본은 효에 있다. 돈을 많이 벌어서 베푸는 것이 아니다. 많이 베푸니 또 베풀라고 하늘에서 돈도 주는 것이다.

15 대박 메뉴는 우연히 생활 속에서 나오기도 한다. 포커스를 가게에 맞추고 바라보면 모든 것이 다 아이템이다.

내가 잘되려면 주변 사람을 잘되게 해야 한다

"김 대표님, 그 메기샐러드 식재료 어디서 구하지요?"

"소스는 어떻게 해야 맛있나요?"

내가 이렇게 질문하면 김민자 대표는 친절하게 자신만의 레시피를 알려준다.

"우리 열무김치 맛있는데, 알려줄까?"

묻기도 전에 이런 대답이 돌아오기도 한다. 그녀의 말에 눈물이 나오려 했다. 레시피가 좀 특별하다 싶으면 돈 받고 파는 세상인데, 묻지도 않은 열무김치 레시피까지 알려준다. 며칠 전에도 그녀가 십오 년 전에 오백만 원 주고 배운 특별양념장을 공개하겠다고 해 나는 여주에서 서울까지 빗속을 뚫고 달렸다.

식당을 운영한 지 15년 째에 접어든 김민자 대표, 그녀에게는 손대는 것마다 대박을 일으키고 유행을 선두 했다는 전설 같은 이야기가 따라다닌다. 오래된 업력만큼이나 각종 노하우를 갖추고 끊임없이 노력하는, 재야에 묻혀 사는 고수다. 그런 귀한 사람과 인연을 맺은 나는 참 복이 많은 사람이라고 여기고 있다.

"그런데, 김 대표님. 돈 주고 비싸게 배우신 거 이렇게 그냥 알려주면 안 되잖아요."

"내가 잘되려면 주변 사람을 잘되게 해야 돼."

나는 매번 그녀의 말에 고개를 끄덕일 수밖에 없다. 며칠 전에도 여러 가지 노하우를 배우고 왔다.

　노하우라 하면 언뜻 무언가 싸게 사서 비싸게 파는 경제논리 같은 게 아닐까 생각할 수 있다. 그녀의 노하우는 그런 말과는 항상 거리가 멀다. 엄마가 딸에게 해줌직한 잔소리 비슷한 사랑의 소리가 대부분이다. 장사는 그녀처럼 해야겠다는 다짐을 하게한다. 성공적인 삶이란 베풂에 있음을 깨닫게도 한다. 늘 아랫사람인 내게도 깍듯하고 또 본인도 그게 무엇이든 배우려는 자세로 임한다. 그녀의 겸손함과 열정에 저절로 고개가 숙여진다.

추억의 절반은 맛이다

먼발치에서만 바라보고 쉽게 찾아가지 못한 또 한 사람이 있다. 외식업체 '쌈도둑'의 엄재숙 대표. 감히 가까이 가기에는 아우라가 너무 강하고, 부족한 내가 대화 상대가 될까 싶은 생각에서였다. 그런데 그날은 바쁜 가게를 뒤로 하고 왠지 다른 가게 벤치마킹을 가보고 싶었다. 친한 일식집 여사장님과 어디를 갈까 고민하다, 그 집으로 가게 됐다.

　1000평이 훨씬 넘어 보이는 대지에 세련되고 아늑한 2층 매장의 카페가 있다. 야생화 전시장 등 누구나 외식업에 종사하는 사람이라면 꿈꾸는 멋지고 예쁜 식당의 표본이었다. 소박하고 정갈한 음식이 마음을 편안하게 하고 손님들을 배려한 손길이 곳곳에 보이는, 전형적인 여사장이 운영하는 매장 풍경이다. 대기실부터 화장실까지 디테일한 인테리어와 부대시설 그리고 차분한 시와 마음에 와 닿는 문구들이 눈과 발걸음을 사로잡았다.

'추억의 절반은 맛이다.'

그 중 가장 기억나는 문구다.

아침도 굶은 늦은 점심이라 허겁지겁 식사를 하고 인테리어가 예쁜 카페에 앉아 차를 마셨다. 갑자기 입구가 환해지며 아우라가 느껴졌다. 카페의 여사장님께서 나타나신 것이다. 우리의 만남은 커피를 같이 마시며 경영 철학을 듣는 귀한 시간으로 연결 되었다. 그곳은 외식업과 문화(야생화전시장과 카페)를 합친 융복합 매장으로 외식전문잡지와 외식업 특강에 여러 차례 소개 되었다. 전국에서 많은 사람들이 벤치마킹하러 오는 가게로도 유명했다. 이런저런 이야기 끝에 어떻게 야생화전시장을 운영하게 됐는지 물었다. 그녀의 이야기는 이랬다.

어느 날 가게에 세상 시름을 다 안고 있는 듯한 얼굴의 신사 한 분이 식사하러 왔다. 식탁에 놓인 작은 달맞이꽃을 보더니 얼굴전체로 환한 웃음이 번지는 모습을 우연히 보게 되었단다. 그 다음에는 야생화를 하나 더 놓게 되었는데 "어! 하나 더 늘었네?" 하고 손님들이 하나둘 알아보고 너무 좋아했다. 그렇게 늘리다 보니 나중에는 야생화 전시회와 야생화 사진전까지 정기적으로 열게 되었다. 그것이 입소문이 나 매출도 꾸준히 오르는 선순환이 이루어지고 있단다.

순간 가슴속에 작은 울림이 일었다. 의식이 확 열리는 듯했다. 부끄러워 눈물이 났다. 저런 거구나. 시작이 중요하구나. 돈으로부터의 시작인지 배려로부터의 시작인지. 결과도 중요하지만 어떤 마음가짐의 시작인지가 더 중요하지 않을까.

융복합의 눈높이

'융복합'이라는 말은 여러 강의와 책을 통해 들었는데 막연해서 와닿지 않았다. 매출과 돈의 관점에서 해석하고 바라봤기 때문이었다.

진정한 융복합은, 고객들 시선에 내 시선이 머무는 것이다.

고객들 입장에서 바라보는 그 시선의 끝에서 아이디어가 나오고, 그 아이디어 끝에서 융복합이 열리는 것을 나는 그때야 깨달았다. 융복합은 고객을 향한 진심어린 고민과 관찰 속에서 피어나는 꽃이다. 내 가게, 내 매장에 맞게 연구하고 관찰해야 한다. 막연한 베끼기는 공허한 외침일 뿐이다. 전국에서 몰려오는 많은 사람들이 겉으로 비춰진 매장 모습만 보고 돌아간다. 속 깊은 뜻을 얼마나 알고 무엇을 깨닫고 갔을까.

사장님은 연락도 없이 찾아간 불청객들에게 후한 커피 대접과 3시간의 담화, 그리고 저녁까지 베풀어주셨다. 엄마처럼 큰언니처럼, 따끔하게 그러나 따뜻함이 느껴지는 여러 가지 깊은 얘기들을. 정말 귀한 내용들이라 들으면서 계속 메모를 했더니 그녀는 도대체 뭘 적느냐면서 활짝 웃으신다. 그 내용은 아래와 같다.

하나. 양심에 꺼려지는 돈은 벌지 마라.

둘. 하늘이 곧 나다.

셋. 돈은 적당히 있게 해라. 자식에게 큰 재산은 독이 된다. 내가 물려줄 것은 재산이 아니라 정신이다.

넷. 가게 여러 개 운영하는 거 부러워 마라. 감당 할 수 있을 만큼만 껴안아라.

다섯. 가게 콘셉트를 바꿀 때는 서서히 고객들이 물들게 해라. 급하게 바꾸면 고객이 쫓아오지 못한다.

여섯. 포장 판매를 해라. 반찬으로 시작해라. 방향은 고객들 반응을 보고 결정해라. 저절로 그런 시기가 온다.

일곱. 내 발목을 내가 잡히지 마라. 모든 원인과 잘못은 손님이 아닌 나에게 있다.

여덟. 화분의 꽃도 물만 주면 죽는다. 소독과 분갈이 그리고 거름도 주어야 산다.

아홉. 정신이라는 내면세계가 중요하다. 베끼기 벤치마킹보다 그 내면세계를 볼 줄 알아야 한다.

05

미치면 길이 보인다

미치지 않고, 살 수 있겠니?

가게를 어렵게 오픈하고 운영하다보니 해야 할 일도, 배워야 할 것도 많았다.

    스물셋 어린 나이에 결혼을 하고 아이 둘을 낳고 시부모님과 함께 살면서 세상이 어떻게 변하고 돌아가는 줄도 몰랐다. 살림만 하던 아줌마가 경영을 하려니 당장 장부 정리에 필요한 컴퓨터 엑셀 공부부터 해야 했고, 모든 게 다 새로운 시작일 수밖에 없었다.

나는 매일 일어나는 매출이며 가계부 정리에 있어서, 집과 가게를 완전히 분리했다. 힘들게 시작한 경영이기에 더 잘 하고 싶었던 것도 사실이다. 젊은 사장답게 최고로 멋지게 운영하며 성과도 내고 싶었다. 더불어 여주에서 가장 멋진 가게를 운영해보자는 야망에도 불타올랐다. 그래서 식당 운영의 기본인 '홀 접객서비스'를 검증받고 배우고 싶어 여기저기 인터넷을 뒤져 전문가를 찾았다. 그러나 전문가는 나와 30분 정도 전화 상담을 하더니, 내가 너무 잘 알고 잘 할 것 같아 자기가 굳이 여주까지 내려올 필요가 없다고 했다.

'난 배우고 싶고 더 잘하고 싶었는데….'

그냥 그대로 있을 수 없어 다시 인터넷검색을 하고 서점에서 외식경영이나 서비스에 관련된 책을 사와 읽기 시작했다. 그런 과정에서 〈월간식당〉이라는 잡지를 알게 되었다. 그 회사에서 진행하는 각종 접객서비스며 중간관리자과정 같은 외식경영 관련 프로그램을 섭렵하다시피 듣고 공부했다.

해외외식탐방도 그때 처음 가게 되었다. 중국 북경이었는데 해외도 처음 접했고, 잘나가는 사장님들과 연수를 가는 것도 처음이었다. 돈의 여유가 있는 것도 아니고, 남편도 안 간 해외연수라 나는 말도 못하고 눈치만 보다가 기간이 임박해 남편에게 폭탄을 터뜨리듯 털어놓았다. 배우고자 하는 마음이 그런 용기를 내게 했을 것이다.

3박 4일 중국연수는 신세계 그 자체였다. 발전된 중국의 대형 식당들이 구비한 깔끔한 서비스와 각종 첨단 기계는 이미 우리나라를 앞서간 듯했다. 식사하며 화상회의를 할 수 있게 모니터가 설치되었고 어느 곳은 태블릿 PC가 테이블마다 놓여 있었다. 어떤 가게는 후식만 네 종류나 나와 나는 문화적 충격을 받았다. 내가 아이들 키우고 살림만 하는 사이 세상은 이렇게 변했구나 싶었다.

나는 중국 연수 후 많은 것들을 생각했다. 내 눈을 잡아당기고 귀가 열리게 했던 중국의 문화를 어떻게든 우리 가게에 접목하고 싶었다. 그렇다고 당장 중국의 그 식당처럼 후식을 네 가지나 줄 수는 없었다. 하지만 남들이 하지 않는 특별한 후식을 서비스하고 싶었다.

나는 여주 식당 최초로 원두커피를 갈아 바로 내려주는 '원두커피 무한서비스'를 생각해냈다. 당시는 여주에도 커피숍 바람이 막 불고 있을 때였다. 우리 가게는 비싼 코스 음식이든, 저렴한 식사든 차별하지 않고 원두커피를 공짜로 제공했다. 반응은 폭발적이었다. 다른 식당이나 사무실에서 일부러 식사하러 와서 커피를 맛보고 사진을 찍어가기도 했다. 드디어 우리 가게가 벤치마킹하는 표본이 된 것이다.

간절히 노력하면 길이 열린다

나는 그런 과정으로 배움과 그에 따른 변화와 도전의 맛을 알게 되었다.

경영에 미치니 피곤한 줄도 모르고 각종 세미나나 외식업에 관한 공부를 꾸준히 하러 다녔다. 대학등록금만큼이나 비싼 수업료를 내고 여러 곳의 외식경영과정을 이수하기도 했다. 잘하고 싶다는 마음으로 노력하니 길이 열렸다. 시간만 들이면 공부를 할 만한 곳은 얼마든지 있었다. 배운 것들을 우리 가게에 바로바로 적용하니 더없이 좋고 기뻤다. 작은 가게지만 최종 결정권자인 내 머리가 트이니 손길이 가는 곳마다 확확 변화되었다. 그릇도 음식도 갈수록 세련되게 바뀌었다. 손님들도 자연스럽게 더 늘게 되고 매출이 안정적으로 상승하는 그야말로 꿈같은 선순환이 이루어졌다.

식당 운영도 처음이고 경영의 '경'자도 모르던 아줌마가, 경영을 간절히 원하고 노력하니 길이 보였다. 많은 공부를 통해 성공한 여러 사장님들과 교류하고 각종 세미나도 정보습득 차원에서 참석했다. 경영을 미치도록 잘하고 싶어 6년을 쫓아다니고 각종 조찬 모임을 나가고 온라인 마케팅공부까지, 이 모든 과정들을 마스터한 나는 경영에서만큼은 무서울 것이 없었다.

열심히 앞만 보고 뛰어다닌 결과로 월매출 1억도 넘겨보았고 여주시 식당 통합 1위 매출도 달성했다. 경영을 맡은 지 7년 만에 이룬 성과였다. 나는 지금도 '앞으로 더 잘하자, 더 열심히 해서 여주를 빛내고 우리나라를 대표하는 멋진 식당을 만들자' 또 다짐을 한다.

어떤 것에 성과를 내고 싶다면 일단 미쳐야 한다. 본인이 적극적으로 나서 노력하면 주변에서 도움의 손길을 내민다. 미친 만큼 길이 열리고 방법이 보인다. 그러니 나는 미치지 않고 살 수 없다.

기회도 내가 만드는 것이다

원하는 것을 얻지 못했다 해도 절망할 필요 없다.

아픈 만큼 성장하는 법이다. 빤한 이야기를 빤하게 하려는 게 아니다. 지금 무엇을 하고 있든 몇 달만이라도 미치도록 최선을 다하다 보면 생각지도 못한 의외의 선물이 주어진다. 원래 가려던 길이 막히면 전혀 다른 길이 보인다. 그 길을 따라가다 보면 원래 가려던 길과 결국 만나게 되어 있다. 자꾸 길 끝에 뭐가 있는지 묻지 말고 일단 가보고 일단 해봐야 한다.

나는 인생에서 선순환 시스템을 갖는 것이 중요하다 생각한다. 책을 내고 강의를 하려는 비전을 가슴에 품으면서 한동안 학력에 대한 고민을 많이 했다. 나는 중고등학교를 검정고시로 이수하고 이름 없는 2년제 야간대학 유아교육과 출신이기에 당연히 신경 쓰였다. 돈만 내면 졸업장을 주는 학교도 많았다. 하지만 난 그렇게 해서 학력을 높이는 일에 마음이 설레거나 기쁘지 않았다. 돈을 건네고 받는 졸업장이 무슨 소용일까 싶었다.

그러던 어느 날 나는 무언가를 깨달았고 그것을 선포하기에 이르렀다.

'쉰 살 전에 평생 먹고살 경제적 시스템을 완성시킨다. 나는 생존을 위해 쌀을 사야하는 직업형 강사는 하지 않는다. 어디서 보고 듣고 읽은 것이 아닌 내가 직접 경험하고 성과를 낸 사실을 근거로 책을 쓰거나 강의를 할 것이다' 나는 어쭙잖게 대학을 간다거나 학력 세탁에 시간을 허비하는 일은 하지 않겠다고 마음을 굳혔다. 현장중심의 체화된 경험과 지식 그리고 도전 정신을 이야기하는 게 더 효율적이라고 생각한다. 집중하고 몰입해 매장에서 성과를 내고 그 과정이나 결과를 바탕으로 콘텐츠 개발을 하는 게 맞다. 나는 내 경험과 생각들이 강의스토리가 돼서 다른 지친 영혼들의 심장이 다시 뛰게 만드는 책으로, 피가 되고 살이 되는 강의로 가닿을 것이라 믿는다. 진정한 순환은 이런 것이 아닌가 싶다.

당신도 지금 하고 있는 그 무언가에서 파생되는 부가가치를 찾기 바란다. 내 글이 누군가에게는 위로이기를, 누군가에게는 용기이기를, 누군가에게는 희망이기를 바라본다.

당신, 먼저 채워라

모든 기회는 80% 정도의 무언가가 자신 안에 채워졌을 때, 그 무언가를 통해 성공과 닿는다. '나는 왜 저런 좋은 사람이 곁에 없을까. 나는 왜 저런 멋진 자리에 앉지 못할까. 나는 왜 저런 타이틀을 얻지 못할까' 대부분 사람들이 타인의 성공을 바라보며 이렇게 생각한다.

그러나 본인의 그릇에 아무것도 채워놓지 않고 무언가를 바라는 것은 모순이다. 살다보면 여러 기회와 인생의 전환점이 될 만한 사람을 만나게 된다. 사실 그 모든 건 나에게서 시작됐고 나에게서 나온 것이다. 내가 빈 상태에서는 좋은 사람을 만나도 기회와 성공의 불꽃이 일지 않는다. 내가 어느 정도 기본은 갖추어야 한다는 말이다.

인간은 본능적으로 본인에게 조금이라도 이익이 있어야 움직인다. 나는 이를 나쁘게만 생각하지 않는다. 이익이 있다면 능동적인 자세로 임할 것이고, 결국 시너지가 생기면서 서로 성장하고 서로 도약하는 관계도를 그린다. 이것이 상생의 길이며 성공으로 갈 수 있는 또 다른 열쇠가 된다.

무언가를 꾸준히 하다보면 어느새 기회의 손길이 여기저기에서 다가온다. 이때 기회를 쫓지만 말고 선택할 수 있어야 한다. 그렇게 되려면 남과 다른 특별한 것을 지속적으로 해봐야 한다. 어느 한 분야를 선택했다면 꾸준히 해봐야 한다는 게 내 생각이다. 절대 포기하지 말아야 한다. 패배하거나 실패하지 않기 위한, 그 모든 기회는 결국 내가 만들어 가는 것이다.

2장

파는 데 미치면
길이 열린다

# 01

나의 꿈을 팔아라

분명한 타깃을 정해라

꿈은 상당히 모호한 단어다. 그것은 내가 하고 싶은 일을 포함하기도 하고 때로는 실현될 수 없는 이상향을 대변하기도 한다. 당신이 어떤 꿈을 품었다면 가장 먼저 그것을 위한 목표를 명확하게 정해야 한다.

'진정 당신이 하고 싶은 것, 진정 원하는 것.'

그것이 무엇인지 솔직하게 자기 안을 들여다보아야 꿈이라는 길목의 가느다란 실마리라도 잡을 수 있다. 그리고 그것을 이루기 위해 어떤 노력을 해야 하는지, 무엇이 필요한지 구체적으로 파악해 분석하는 일이 이어져야 한다.

나는 최근에 책을 내고 강연을 한다는 목표를 세웠다. 목표를 이루기 위해 가장 먼저 교보문고 본점을 찾았다. 사방이 책들로 가득 차 있으니 내 마음도 무언가로 차오르는 것만 같았다. 나는 책장과 책장의 사이사이를 느리게 걸었다. 수많은 책들이 시장의 야채나 과일처럼 평대에 쭉 펼쳐져 있거나 혹은 뒤로 밀려나 책꽂이에 꽂혀 있었다. 돋보이게 별도 전시된 책들도 보였다. 신기하고 재밌는 놀이를 하는 아이처럼 책을 고르거나 눈과 마음이 이끄는 대로 제목과 목차를 구경했다. 10권 정도의 책을 안고 집으로 와 열심히 분석하기 시작했다.

눈에 띄었던 책은 일단 제목 선정이나 디자인을 잘해서라는 생각이 들었다. 구입 단계까지 이끈 것들은 분명 목차를 잘 살렸기 때문일 거였다. 아무 정보가 없는 상태에서 책을 구입하는 일은 거의 제목이나 표지에서 승부가 난다. 일단 제목에서 마음을 흔들어놓으니 목차나 머리말은 형식적으로 대강 훑게 된다. 여기에 내가 집어든 책에 대한 믿음까지 겹치다 보니 제목 선정이 얼마나 중요한지 독자(소비자)입장에서 생각하게 되었다. 책을 쓰려고 마음먹자 다 공부로 비춰졌다.

본업을 잘 유지하고 성장시키면서 또 하나의 새로운 세상을 연다는 것에 많은 고민도 이어졌다. 만약 매출이 감소하면 가게 신경 안 쓰고 딴 짓해서, 반대로 손님이 너무 많아 바쁘면 먹고 살만하니 이제는 헛짓해서라고 할까봐 이래저래 걱정이었다.

고민과 번뇌 속에서 나는 나 자신에게 하나의 질문을 던졌다. '왜 책을 쓰려고 하는가?' 결국 분명한 답이 나왔다. 나는 평소에도 늘 돈 벌면 좋은 일이나 기부를 하자는 생각을 했다. 남들 다 하는 기부나 봉사 말고 나만 할 수 있는 일, 단순히 무엇을 주고받기만 하는 것 말고 좀 더 넓은 의미의 확장성 있는 일이면 더할 나위 없이 좋을 것이다. 과연 그런 일이 무엇일까, 또 다른 생각과 고민이 찾아왔다. 답을 찾는 데 오랜 시간은 걸리지 않았다. 그것은 바로 '강연'이었다. 강연을 하기 위해서는 나의 경험과 생각을 한곳에 담은 책이 필요했다.

나도 사람이기에 두렵고 걱정되고 때론 힘이 들기도 한다. 그러나 도전과 실행만으로 여기까지 온 나였다. 더 많은 성공의 성과를 쌓은 사람, 더 많은 지식을 습득한 사람, 더 많은 경험을 한 사람이 많다는 걸 모르지도 않는다. 다만 내 강연을 듣고 내가 쓴 책을 읽으며 '이런 사람도 하는데, 나쯤이야'라고 생각하길 바라는 마음이다.

당신이 읽는 이 책이 먼 얘기가 아닌 우리 동생이 하는 이야기, 우리 누나의 다정한 이야기, 우리 친구의 허심탄회한 이야기가 되었으면 좋겠다. 그 속에서 희망을, 꿈을, 용기를 그리고 위안을 가득 퍼올렸으면 좋겠다. 나는 지금도 목표를 정하고 오로지 그 하나의 지점만을 바라보며 걷는 중이다. 종종 이렇게 외치면서 걷는다.

"그래, 한번 미치도록 해보자. 도전!"

음식은 위로이며 초심이다

부잣집 아들인 남자직원이 배고플 때면 가끔 해먹는 음식이 있다.

'계란 프라이와 간장만으로 비빈 간장 비빔밥'

옆에서 먹어보니 별 맛이 있는 건 아니다. 예전에 외롭게 유학 생활할 때 돈이 떨어지면 해먹던 음식이라나. 가게에 널린 게 고급 식재료인데도 그는 굳이 그걸 꼭 해먹는다. 내게도 그런 기운을 품은 음식이 있다. 날이 꾸무럭하고 왠지 입맛이 없을 때면 엄마의 김치죽이 생각난다. 어릴 때 장작불 때서 한 솥 끓여주시던 얼큰한 그 맛을 생각하면 마음 한쪽이 아련해진다. 호호 불며 식혀먹다 보면 콧등에 땀이 나며 기분이 좋아졌다.

며칠 전에는 안양에 사는 친정언니와 순대곱창집에 갔다. 먹고사느라 오랜만에 만났는데 중앙시장 제일 안쪽으로 찾아들어가 자리를 잡고 앉으니 웃음이 나왔다. 그 화려한 음식점들 다 제치고 또 거길 갔다. 아마 어려웠던 때 먹었던 음식을 다시 먹으며 초심을 잃지 않으려는 내 내면이 부른 음식인지도 모르겠다.

음식은 배를 채우는 이상의 가치가 분명히 있다는 게 내 생각이다. 우리가 무의식적으로 먹는 음식, 선택하는 메뉴, 자주 가는 식당 등은 다 그만한 가치를 품고 있다. 그러므로 음식점을 운영한다는 것은 기억과 추억을 만들고 그 장소를 제공하는 일이라 할 수 있다. 때로는 위로의 매개체가 되기도 한다.

　식당이 외식업이란 미명 아래 거대 자본이 투입되고 대형화 또는 공장화되면서 생산 간소화, 대량생산, 틀에 박힌 일정한 맛으로 기업화가 되어가고 있다. 나는 아직도 경영보다 '운영'이라는 단어가 편하고 외식업의 명칭보다는 식당 혹은 밥장사라는 말이 더 편하게 와 닿는다. 테이블 회전률 또는 원가절감 등 경영의 단어에 가려 놓치고 잊어버리는 것들이 많기 때문이다. 시스템 자동화속에서 언젠가부터 음식이 제품이 되기 시작했다.

　인류가 존재하는 날까지 함께할 음식, 그리고 그것을 업으로 삼는 나는 뭔가 모를 사명과 소명을 느낀다. 현실적으로 우아할 수는 없지만 밥집이 갖는 추억과 기억이라는 핵심가치를 잊지 말아야겠다고 다짐한다. 그것이 곧 손님들이 우리 가게에 오는 이유 중 하나일 것이다.

　나는 음식에 추억과 기억이 깃든다는 게 무엇인지 안다. 내게 추억의 세계는 바로 엄마의 음식이다. 엄마는 자신이 기억하는 거의 40년 전 시간 속에서 살았다. 음식도 마찬가지였다. 6.25 때 먹었음직한 그런 것들이 주를 이루었던 것 같다. 그럼에도 나는 그때 먹었던 음식들을 늘 그리워한다. 그것은 맛의 귀소본능 같은 걸지도 모른다.

'엄마의 자궁처럼 편안하고 아련한 맛의 세계. 그래, 그런 음식을 손님들에게 제공하자, 추억과 기억이 되는 우리 가게만의 특별한 음식….' 나는 먼저 내 고향이 전라도라는 걸 활용하기로 했다. 그래서 우리 가게의 메뉴는 주로 '남도음식' 느낌이 묻어난다.

꼭 그 음식은 아니지만 내 혀가 기억하는 유년의 맛들이 조금씩 스며있다. 회 위에 곁들여 먹는 전어젓갈도 어찌 보면 어렸을 적 엄마의 맛에서 왔을 것이다. 엄마는 자식들이 다 먹고 남긴 조기대가리를 정성껏 다져 갖은 양념을 한 후, 상추에 보리밥 한 숟갈 얹고 그 조기대가리젓갈을 살짝 얹어 맛있게 드셨다. 나는 그런 기억으로 전어젓갈을 만들어보았고 맛이 훌륭해 메뉴에 적용했다. 가난하고 먹을 게 없었던 옛 시절의 추억의 밥상, 우리 가게에서 식사를 하며 손님들이 그 맛을 떠올릴 수 있었으면 좋겠다.

꿈 너머의 꿈

서른 살 즈음 '내 집 마련'의 목표를 이루었다. 서른세 살 즈음에는 '내 땅에 세운 내 건물'을 마련할 수 있었다.

목표는 말 그대로 내 마음, 내 환경을 채우는 일이다. 내가 집을 장만하거나 건물과 땅을 샀다고 해서 남에게 이익이 되는 건 아무것도 없다. 그것은 오히려 시기와 질투의 대상이 되는 일이다. 그렇다면 꿈은 무엇일까?

진정 하고 싶은 것, 진정 원하는 것을 하는 것이다. 그것을 목표로 하나하나 단계를 밟아 가까워지도록 노력하는 일, 끝내 이루는 것. 나는 여기에 하나의 의미를 더 부여하고 싶다. 내가 이룬 '꿈'이라는 것으로 세상 사람들에게 도움을 주고 싶다는 이타적인 마음이 동반되어야 한다.

처음 식당 할 때 '위생교육'이라는 것을 받았다. 어쩜 강사들이 저렇게 하나같이 재미가 없을까 하는 생각을 했다. 힘들게 식당일을 하고 멀리서 교육장까지 왔는데 뭔가 재미있고 실질적인 것이 제공되면 더 좋겠다는 생각도 했다. 그 시기에 우연히 '스피치 리더십'코스를 수강하게 되었다. 그 수업에서 나는 강사로서 재능이 있다는 것을 발견했다. 또한 상대방에게 내 생각과 경험을 설득력 있게 전달하고, 그로써 상대방이 변하고 성장하는 것을 보람으로 느끼는 나를 발견할 수 있었다.

14살 때부터 양복공장에서 시작한 사회생활과 중고등학교를 검정고시로 치르고 야간 대학으로 진학한 내 이력을 오히려 공감의 방법으로 활용해야겠다고 결심했다. 지금의 사업체를 이끌어오기 위한 많은 사연과 사건 속에서 풍부한 동기부여가 될 수 있는 것들이 많다는 것도 알게 되었다.

이 나라의 청년들 그리고 돈 없고 힘없는 소상공인들, 특히 식당 예비창업자나 고전하고 있는 식당 사장님들을 위해 내 경험을 공유하는 강의를 하고 싶다. 늘 강연을 하는 내 모습을 상상하며 하루하루 준비하는 마음으로 살고 있다. 매출이 더 뛰어서, 땅을 더 사서 강연을 하는 것이 아니라 그 과정을 함께 공부하기 위해서, 축적의 삶이 아닌 나누는 삶을 퍼뜨리고 싶다. 무언가를 시도하는 일에 주저하는 모든 사람들이 아무것도 아닌 나를 보며 희망을 가졌으면 좋겠다.

꿈은 누구나 있다. 그러나 그 꿈을 다 이루는 것은 아니다. 자신이 꿈을 품게 된 '왜'라는 시작점이 중요하다. 조용하게 자신이 원하는 것을 들여다보고 최선을 다해 노력하는 것, 늘 '왜?'라고 자신에게 묻는 것. 나는 그 '왜'가 꿈 너머의 진정한 꿈이라고 생각한다.

02

나의 말을 팔아라

감성화법을 팔아라

식당이야말로 서비스업의 표본이다. 그러다보니 말을 건네고 아는 척을 할수록 장사가 더 잘되는 순환이 이루어졌다. 이 비밀을 안 나는 시간이 비는 대로 스피치교육을 받았다. 그리고 거기에서도 인정을 받아 어시스트 강사로 봉사활동도 했다. 책도 유머, 화법, 스피치 등 말의 중요성에 관한 것을 닥치는 대로 사서 읽었다. 그것의 결과로 손님들에게 어떤 멘트를 던졌을 때 가장 좋은지 알 수 있었다.

식사 후 카운터로 계산하러 온 손님에게 나는 감성화법을 구사했다. 카드 긁고 사인하고 용지가 드르륵 하고 나오는 짧은 시간을 놓치지 않았다. 여성일 경우 가방이나 지갑을 주로 칭찬하고 둘 다 별로면 옷이나 헤어스타일 또는 피부상태로 시선을 옮겼다. 대부분 손님들은 나와 다시 한 번 눈을 마주하게 된다. 각인이라는 것은 그때 일어난다. 한 번 보고 말 것을 내 칭찬에 두 번 보게 되는 것이다. 남자손님일 경우 주로 의상이나 사인을 멋지다 칭찬하면 긴장이 풀리면서 자연스레 명함을 챙겨간다.

당연히 서로 각인이 되어 다음에 오면 내 쪽에서도 알아보고 안부도 물어주니 단골이 많아진다. 단골이 많으면 매출이 안정적인 흐름을 탈 수밖에 없다.

현대 사회에서 말의 중요성은 더 이상 언급하지 않아도 될 만큼 보편화되었다. 나는 감성화법의 중요성을 알고 실천하는 사람이다. 그런 나에게 내 현주소를 알게 하고 더 깊이 있는 공부의 동기가 되어준 강의가 있다. 바로 '감성설득'이다.

훌륭한 장군은 난세에 빛이 난다 했다. 불경기 속에서도 성장하는 가게와 빛나는 가게는 분명 있다. 고객은 돈이 없는 것이 아니고 한 번 더 생각하고 돈을 쓸 뿐이다. 경기가 좋아졌다고 돈을 막 쓰지 않으며 불경기라고 절대 안 쓰는 것도 아니다. 더 감성적으로 끌리는, 더 나를 편안하게 해주는, 나를 더 알아주는 가게에서 돈을 쓰고 싶을 뿐이다. 치열한 자본주의 세상에서는 결과가 그 회사와 주인을 말해준다. 불경기에도 성장을 하고 있는지, 가게 문을 닫았는지.

나는 웃는 얼굴과 기쁜 얼굴은 다르다고 생각한다. 진정 기쁜 얼굴은 내면에서부터 올라오는 자연스러운 표정과 부드러움이 배어난다. 기쁜 얼굴은 어떻게 해야 상대방이 좋을지 연구하고, 자신의 직업에 대한 확고한 신념을 갖는 것에서 나온다. 특히 식당은 아무리 싸고 맛있는 집도 초반부터 기분이 나빠 있으면 맛있는 음식도 맛이 없다. 싸면 싼 대로 트집을 잡게 된다. 안 되는 식당일수록 가격을 내리지 말고 감성화법으로 가치경영의 방식을 연구해야 한다. 내가 진정 기쁨으로 충만해야 내 가게에 오는 손님들도 기쁘다.

'말반찬'의 에너지를 잘 버무려라

키우던 개도 주인 닮아간다는 말이 있다. 실제로 개의 성격이나 생김새가 주인과 많이 닮아 놀란 적이 누구나 있을 것이다. 가게 직원도 당연히 주인 닮아간다.

나는 17년 전 여주지역으로 처음 와 탐색 차원에서 이곳저곳 음식을 먹으러 다녔다. 대부분의 식당 직원들이 하나같이 무뚝뚝하고 불친절했다. 심지어 카운터의 주인들도 다르지 않았다. 나중에 알고 보니 지역 토착민들이 많이 사는 곳이라 그렇다 했다. 자기 건물에서 장사하고 월세도 안 나가고 직원도 가족들 위주라 절실함이나 위기의식이 덜하다는 것이다. 식재료도 부모님이나 집안 형제가 농사지어 대주고 집 옆의 텃밭과 땅은 기본으로 조금씩 소유하고 있으니 대도시만큼 원가 계산에 예민할 필요 없다. 그냥저냥 해도 손님은 오므로 절실할 필요성을 느끼지 못한다. 나는 식당을 운영하면 저렇게는 하지 말아야겠다고 다짐했다.

어느 날 내가 서빙을 하는데 노신사께서 식사하다 말고 한 마디 툭 던졌다.

"사장님, 여주사람 아니지요?"

"네? 아, 네"

"어쩐지 친절하시더라."

나는 그 일을 계기로 어떻게 하면 바쁜 와중에도 손님들과 눈 한 번 더 마주치고 더 친절할 수 있을까를 고민했다. 결국 생각해낸 방법이 '말반찬'이었다. 상에 오른 '곱창김'이 품은 뜻이며 '전어젓갈'을 직접 양념하는 것과 '해초'의 효능 그리고 드시는 법을 설명하는 일이 바로 우리 가게의 말반찬이다. 서빙 하는 짧은 순간이지만 회가 등장하는 때에 맞춰 스토리가 직원들의 입을 통해 반찬으로 곁들여진다. 손님들과 밀접해질 수밖에 없는 구조로 만들어 버린 것이다. 물론 직원 입장에서는 조금 귀찮고 힘이 드는 일이다. 그러나 손님이 만족해하고 즐겁게 식사하는 것을 여러 번 경험한 직원들은 점점 보람을 느끼고 지금은 더 열심히 한다. '말반찬' 할 동안은 다른 음식 세 가지는 족히 나갈 수 있는 시간이다. 세팅지에 쭉 나열해도 되지만 손님과의 좀 더 인간적인 접촉을 위해 나는 실행을 고집한다. 덕분에 홀 직원 한 명을 더 채용했지만 앞으로도 줄일 생각은 없다. 조만간 더 채용할 계획도 있다. 아마 말반찬은 우리 가게 트레이드마크가 될지 모르겠다.

'말반찬 기대효과'는 생각보다 상당히 크다. 우리 가게만의 특별한 식재료 어필이 가능하며, 음식에 관한 이야기를 듣고 먹기에 뇌에서 받아들이는 만족도가 이미 높아져 있다. 혀에서 느끼는 미각이 어느 정도 보장되는 것이다. 대부분 손님들은 말반찬이 버무려진 우리 식당의 밥상을 만족스러워한다.

스토리를 개발해라

친절하다고 소문나고 싶은 가게는 당장 '말반찬 스토리'를 개발하면 매출상승과 이미지 상승까지 두 마리 토끼를 다 잡을 수 있을 것이다.

나는 앞으로도 다양한 말반찬 스토리를 개발할 계획이다.

식당에서 허겁지겁 배 채우는 시대는 지난지 오래다. 이제는 뭔가 특색 있고 여운이 남는 식당이어야 입소문도 난다. 입소문은 결국 그 식당이 살아남는 일과 연결된다. 말반찬이나 스토리를 들려주는 일을 부끄러운 것이라 생각한다면, 그냥 아무것도 하지 말고 바뀌는 것 없이 계속 부끄러워만 하고 있으면 된다. 다른 관점을 갖는다는 것은 일반적인 것, 당장 보이는 것이 아닌 이면의 세계를 볼 줄 안다는 의미다. 남들과 똑같은 시선에 머물러 있고 싶다면 그는 내내 그러고 있어야 한다.

또 하나, 매장을 찾은 손님들에게는 당연히 인사를 멋들어지게 해야 한다. 여기에 더해 예약전화상담이나 포장고객들이 가게로 전화했을 때, 평소 자기음성보다 두 단계 정도 목소리 톤을 높여 밝고 경쾌하게 받아야 된다. 자기가 '파'의 음성이라면 '솔'이나 '라' 정도로 하면 무리 없다.

나는 가끔 외부에 있을 때 일부러 가게로 전화를 걸어본다. 직원이 경쾌하게 받으면 다행인데, 가라앉은 고상한 목소리로 받으면 꼭 터치를 한다. 톤을 일부러 높이라는 말도 매번 한다.

한번은 우리 딸들이 이렇게 물었다.

"엄마는 왜 우리하고 전화 통화할 때랑 가게서 말할 때가 달라?"

"너는 나한테 돈을 안 주잖아."

고객이 낸 '음식값'에는 경쾌한 인사와 눈 맞춤이 다 포함되어 있다는 걸 잊지 않아야 한다. 이것의 연장선상에서 나는 손님의 뒤통수에 대고도 인사를 한다. 이는 나만의 '상추쌈 인사법'이다. 상추쌈과 인사, 좀 어울리지 않는 단어이긴 하다.

카운터에 있으며 가게로 막 들어오는 손님에게 인사를 크게 하는 일은 당연하다. 하지만 식사하고 나가는 손님들에게는 약간 소홀할 수밖에 없다. 나는 생각에너지는 시공을 초월해 상대에게 전달된다고 믿는다. 좋은 마음으로 하는 인사는 손님에게 꼭 좋은 기운으로 가닿는다. 그래서 인사를 할 때, 특히 급히 나가는 손님들에게도 상추쌈 인사를 한다.

상추쌈 인사법

하나. 손님의 귀를 바라본다. (에너지전달 준비)

둘. 밝고 큰 목소리로 인사를 한다. (최대한 경쾌하게)

셋. 말하는 동시에 에너지를 집중해서 살짝, 내 친절한 기운의 인사를 쌈 싸서 손님 귀속에 넣어준다. 조금 더 친절한 태도면 귀 안에 쏙 집어넣어줄 수도 있다. (최대한 공손하게)

인사는 내 신념의 하나다. 가게로 들어오는 손님의 앞모습을 바라보는 것은 쉽고 누구나 할 수 있다. 그 혹은 그녀의 뒤통수를 바라보고 인사를 하는 것이야말로 진정한 인사다. 나는 오늘도 그런 신념의 하나로 손님의 뒤통수에 대고 세상에서 가장 공손한 상추쌈 인사를 건넨다.

03

나의 아이템을 팔아라

부가상품으로 눈을 돌려라

나는 확장적인 생각을 하는 일이 좋다.

무엇을 어떻게 확장시킬 것인가 평소에도 늘 모색한다. 그것은 부가적인 제품을 개발해 매출을 올리면 좋겠다는 결과와 닿았다. 처음부터 부가상품을 생각해낸 것은 아니다. 남한강변에 서서 가게를 바라보며 아침 장사까지 해 매출을 올려볼까. 저녁에는 감자탕을 추가해 소위 '가게 이모작'을 해볼까. 만날 상상하고 연구하다 직원을 더

구할 필요도 없고 많은 자본이 들지도 않는 부가매출에 관심을 갖게 되었다. 자본이 거의 들지 않아 망해도 그다지 손해 볼 것도 없으니 당장 시도에 들어갔다.

시작은 '부엉이 도자기인형'이었다. 여주가 도자기의 고장이니 외부손님들이 왔을 때, 도자기 그릇이나 인형에 관심을 가지지 않을까 싶었다. 내가 운영하는 가게가 조금만 컸더라도 진열장을 멋지게 놓고 부엉이 도자기 인형도 여유롭게 팔았을 것이다.

나는 손님들이 들어오는 입구 한쪽에 작은 진열대를 놓고 그 위에 도자기인형들을 전시하듯 올려놓았다. 앙증맞고 사랑스러운 크기와 모습 때문인지 반응이 좋았다. 그러나 몇 가지 단점들이 있었다. 팔리긴 잘 팔리는데 인기 없는 놈들은 고스란히 재고로 남았다. 가끔 어린아이들이 만지는 경우나, 술에 취한 손님들이 균형을 잃으며 진열대를 짚는 바람에 깨지는 일도 다반사였다. 타이밍을 놓치지 않는 것도 하나의 감각이다. 바로 그때가 다른 상품으로 눈을 돌려야 할 타이밍이었다.

두 번째 부가상품은 '곱창김'이다. 곱창김은 우리 가게 메뉴에 포함된 재료 중 하나였다. 손님에게 한 차례 더 곱창김을 먹는 법이나 효능을 설명했고, 손님 쪽에서는 이미 충분히 맛을 알기에 구입할 확률이 높았다. 습기를 다 빼고 비닐 포장된 김은 잘 상하지 않는 장점이 있었다. 또 백 장 단위로 산지에서 포장해 보내주기에 판매도

용이했다. 곱창김이 예상보다 잘 팔리자 더 큰 진열대를 사와 현관에 놓고 김을 최대한 많이 진열했다. 진열대가 창고도 되고 매대도 되는 두 가지 역할을 다 하는 셈이었다. 오가는 손님들 시선을 사로잡을 수 있도록 멋지게 쌓아놓았다. 수시로 체크하며 하나라도 공간이 비면 바로 창고에서 꺼내와 채웠다. 그 덕분인지 시간이 흐를수록 김 판매 매출이 확연하게 늘었다.

세 번째는 '전어젓갈'이다. 전어젓갈도 곱창김과 마찬가지로 우리 가게 메뉴에 포함된 재료의 하나다. 식사 중에 전어젓갈은 무한 리필이 가능하다. 자주 추가해 먹는 테이블은 봐놨다가 판매도 별도로 하고 있다는 귀띔을 해준다. 그러면 거의 백발백중 구입으로 이어진다.

네 번째 부가상품은 '보리굴비'다. 이 또한 부가매출에 큰 영향을 주고 있다. '보리굴비정식'은 우리 가게 메뉴에 정식으로 있어 직접 맛을 본 손님들이 주로 선물용으로 구입한다. 혹은 입맛 없을 때 비상용으로 냉동실에 두고 조금씩 꺼내먹으려 사가기도 한다.

지금 부가매출을 올리는 것은 다 우리 가게 메뉴에 속한 식재료들이다. 맛을 본 손님들에게 검증된 것이기에 판매율이 높을 수밖에 없다. 전혀 우리 가게와 상관없는 것이 아니라 직접 맛있게 먹어보고 사갈 수 있는 상품들이다.

특히 보리굴비는 설이나 추석 때 선물세트를 제작해 매출 효과를 많이 봤다. 해초도 여러 가지를 한입 크기로 손질해 별도 판매하고 있다. 한 세트로 구성한 곱창김과 전어젓갈, 해초 도시락세트는 만원 정도의 가격에 판매되므로 가격부담이 없어 인기도 많다.

 일반 소상공인들은 팔 수 있는 것이 있으면 무조건 팔아야 한다. 현재 당신의 가게 메뉴나 밥상을 잘 보면 부가상품이 될 수 있는 것들이 세 개 이상은 나올 것이다. 일부러 개발하거나 전혀 생뚱맞은 상품보다, 금방 맛봤던 것들은 손님 쪽에서 믿고 살 수 있기 때문에 실패할 확률도 적다. 그러니 밥상만 잘 살펴도 돈이 보인다.

접목과 적용의 달인이 되어라

앞에서도 이야기했듯 나는 여주 최초로 식당에서 원두커피를 제공했다. 4년 전 북경 연수에서 원두커피 아이디어를 얻었다. 남편은 힘들게 일하는데 유람 가는 듯한 느낌이 들었던 게 사실이다. 또 아이들과 국내여행도 제대로 한 번 못 갔는데 혼자만 해외에 나와서 미안하기만 했다. 나는 불편한 마음으로 주변 어느 누구에게도 말하지 못하고 첫 해외외식업 탐방을 떠났다.

 중국의 외식업 탐방이라는 일정을 마친 후 삼삼오오 야간외출을 나갔다. 여주 촌년의 첫 연수라 그들과 자연스럽게 어울리지 못하고 호텔방에 내내 혼자 있었다. 일정에서 먹은 중국음식은 느끼해서 입에 맞지 않았다. 속이 안 좋고 부글거려 커피포트에 물 끓여 쓸쓸하게 혼자 컵라면을 먹었던 생각을 하면 지금도 웃음이 나온다.

나는 중국 탐방에서 한 가지 중요한 생각을 하게 되었다. 디저트였다. 그 씨앗에서 시작해 결과로 나온 것이 즉석에서 갈아 바로 내리는 원두커피다. 지금은 여러 식당들이 벤치마킹해서 원두커피 제공하는 곳이 많아졌다. 걱정 같은 건 안 한다. 커피를 제공하는 식당이 여러 곳이면 그만큼 높은 경쟁력을 보유하면 되는 일이다. 미진하게 하는 것은 안 하는 것보다 못하다는 말이 있다. 서비스를 안 하려면 몰라도, 하려면 제대로 해야 한다. 손님들에게 더 좋은 원두로 더 맛있는 커피를 제공하고자 나는 어제도 유명한 바리스타가 운영하는 강남의 한 카페에서 원두를 사왔다. 원두를 갈아 커피를 내려 보니 한층 향이 깊고 그윽하다.

가끔 쓴맛이 입에 안 맞는다고 담벼락에 죽 올려놓고 가시는 어르신들을 보면 내 열정만큼 마음이 찢어진다. 그럴 때 나는 이렇게 말하고 싶다.

"봉지 커피믹스도 있어요!"

나는 식문화해설을 밥상에 적용해서 큰 효과도 보았다. 음식이 다 차려지면 "맛있게 드세요", 정도의 간략한 인사만하고 직원은 자리를 뜨는 게 보통이다. 우리 식당은 밥상이 다 차려지면 음식들에 대한 설명을 천천히 해드린다. 식재료의 유래와 먹는 법 그리고 몸에 어떻게 작용해 건강에 이로운지 자세히 알리는 것이다. 손님들은 눈으로 보고 귀로 한 번 더 들은 후 먹으니 더 맛있다고 말한다.

"곱창김은 돼지곱창을 닮았다고 해서 곱창이라 부르고요, 일 년에 딱 시월 중 보름만 나는 귀한 김입니다. 뿐만 아니라 영양소가 일반김보다 몇 배나 더 많답니다."

이런 식으로 설명하는 것이다. 그리고 전어젓갈을 가리키며 "이 젓갈은 무엇일까요?" 하면 손님들은 저마다 아는 젓갈 이름을 댄다. 갈치속젓, 멸치젓갈, 밴댕이젓갈 등등. 전어젓갈이라 알려주면, 다들 생소하면서도 귀한 전어젓갈의 매력에 빠져들기 시작한다. "전어젓갈은 우리 가게 주방에서 한 달에 한 번 직접 담그는 것으로 여주에서 생산된 고춧가루와 마늘 등의 양념을 쓴다" 이런 설명을 더 곁들이면 박수가 나올 때도 있다.

해초는 여러 가지 이름을 일일이 알려주며 먹는 법과 효능도 설명한다. "이 해초쌈회를 드시면 우리 몸에 쌓여 있는 농약성분이나 중금속을 해독하고 치매예방 골다공증예방 대장암예방 등이 됩니다. 특히 피를 맑게 하는 혈관 청소부 역할을 합니다" 하는 설명 후에는 다들 더 많이, 더 열심히 해초쌈을 싼다. 친절하게 말반찬을 섞으니 별도로 서비스 교육을 안 해도 직원들은 손님들과 눈높이 맞춤이나 관계형성을 자연스럽게 하게 된다. 덕분에 우리 식당은 친절한 곳으로 입소문이 나있다. 때때로 손님이 다른 손님을 데려와 회가 나오면 이렇게 말하며 제지하기도 한다.

"야, 인마. 여기는 해설을 듣고 먹어야 돼. 한번 들어봐."

동시에 은근히 단골인 것을 자랑하는 것이다. 이런 시스템으로 돌아가다 보니, 매출이 더 오르는 수순이 이어지는 것은 당연한 일이다.

나의 강점을 팔아라

어떠한 경쟁력을 가지고 있는가. 무엇을 어필할 것인가. 내 가게에 대해 끊임없이 객관적인 입장에서 관찰하고 바라볼 필요가 있다.

외식업의 기본은 당연히 맛, 청결, 서비스이다. 하지만 기본은 말 그대로 기본이고 같은 업종과 비교했을 때 어떤 점이 특화되어 있는지가 중요하다. 그리고 가게에 오는 손님의 층에 따라 서비스도 달라져야 한다.

우리 가게는 테이블이 열여섯 개로 작은 규모에 속한다. 룸보다 테이블이 홀에 쭉 나열된 구조로 되어있다. 손님의 층은 비즈니스 접대보다 가족들 모임 쪽이 많다. 연인들도 첫 만남보다는 어느 정도 친숙해진 후에 편하게 오는 곳이라 할 수 있다.

한눈에 들어오는 규모의 테이블 구성과 작은 방이 세 개 더 있어서 가족들, 특히 아기가 있는 젊은 부부들이 선호한다. 따라서 곁들이 음식도 가족들 특성에 맞게 넉넉하고 푸짐한 양의 음식 위주로 구성한다. 나는 우리 가게가 손님들에게 마음도 채우지만 배도 넉넉히 채워지는 그런 곳으로 기억되면 좋겠다.

같은 업종과의 차별화는 '해초쌈'에 포인트를 맞췄다. 곱창김에 갖가지 해초와 싱싱한 회를 전어젓갈에 싸서 먹는 방식이다. 여기에 보여 주기식에 머무르지 않고, 인스턴트가 아닌 건강밥상을 지향하는 콘셉트로 고급 재료를 쓴 곁들이 음식을 함께 내놓았다.

현재 내가 운영하는 가게는 가족적인 분위기로 포인트를 맞춰야 하는 일명 '동네장사'라 할 수 있다. 그래서 우리 가게는 주변 환경에 맞춰 가게 콘셉트를 '정(情)'의 테마로 정했다.

정은 우리나라의 유일한 정서이고, 인간 내면의 속성이면서도 인간관계에서 가장 기본적인 매듭역할을 한다. 나는 가게에 들어서는 순간 손님들 입에서 '정'이라는 단어가 저절로 나올 수 있게 모든 구성을 맞추려 노력했다. 딱딱한 고급유니폼 대신 단체티를 맞춰 입고 앞치마로 통일감을 줬다. 또한 웬만한 손님은 일일이 기억해 챙기고 있다. 덕분에 우리 가게에 와야 대접받는 것 같다고 말하는 손님들도 생겼다.

매장이 작은 가게일수록 부대시설이 약할 수밖에 없다. 그럴수록 손님을 한눈에 알아보고 반겨주는 소위 '정 콘셉트'를 유지해야 한다. 군대 간 아들 안부를 물어봐주고 부모님 안부도 챙기고 때로는 병문안도 간다. 가게마다 위치에 따라 규모에 따라 구성과 전략을 잘 세워야 쉽게 무너지지 않는다.

'우리 가게는 어떠한가?' '옆의 갈빗집과 무엇이 다른가?' '옆의 삼겹살집과 어떤 차별화를 두고 있는가?' 이렇듯 끊임없이 질문하고 점검하는 마음을 가져야 한다.

  자신을 뒤돌아볼 줄 아는 사람만이 성장의 길을 걸을 수 있다. 밖을 내다보지 않고 자기 안에 갇힌 채 살아가는 사람은 결국 넓은 바다의 세계에서 표류할 수밖에 없다. 늘 질문하고 차별화를 향한 문제점을 찾자. 언제나 그 질문들 속에 답이 있다.

04

나의 신념을
팔아라

거래처는 나의 파트너

연말에 고생한 직원들에게 뭔가 추억을 만들어주고 싶어 여행을 제안했다.

 어떤 직원은 중국에서 한국으로 돈 벌러 왔는데 바닷가를 한 번도 못가봤단다. 그래서 그 해는 목적지를 강원도 바닷가로 정했다. 즐거운 여행 준비로 하루하루 떠들썩한 분위기가 이어졌다. 그러던 중 직원들이 그런 날은 거래처에서 술이며 과일을 협찬해줘야 한다며 우스갯소리를 했다. 농담이라 여기고 나도 그냥 웃으며 넘어갔다.

그런데 그냥 농담이라 웃으며 넘긴 게 문제였다. 한 직원이 거래처에 물건 시킬 때 진짜 그 얘기를 하는 마람에, 아침에 출근해보니 과일박스가 와 있었다. 나는 당장 거래처에 전화를 걸어 사과를 했다. 죄송하다는 말과 함께 내 생각이 절대 아니라는 사실도 밝혔다. 그런 후 장부에 정상거래매출로 올리라 부탁을 드렸다.

평소의 신념을 확실하게 전달하지 못했던 내 책임이 가장 컸다.

거래처는 사업 동지들과 다를 바 없다. 거래처는 파트너이지 을이 아닌 것이다. 조금 과격한 표현이겠지만 거지 근성, 거머리 근성은 결국 큰 성장을 향하는 길목을 가로막는다. 항해는 혼자서 할 수 없고, 항해를 할 수 없다면 바다에서 배는 앞으로 나아가지 않는다. 파도와 직접 맞닥뜨려 싸우는 것은 내가 운영해가는 배의 몫이겠지만, 협력과 구조의 손길은 외부로부터 찾아온다고 나는 믿는다.

야채가게 사장님, 활어차 사장님, 주류·음료 사장님, 해초를 말려 보내주시는 분, 전어를 잡아 삭혀 보내주시는 분, 이분들 덕분에 폭설이 몰아치는 세상의 바닷속에서도 가게에 앉아 따뜻하게 장사를 한다. 내게는 더 없이 감사한 분들이다.

혼자만 잘되고 혼자만 이익을 보며 혼자만 성장하려는 생각은 독선이고 지극한 오류다. 만약 운이 좋아 혼자만 살아남았다 치더라도 그는 고독한 괴물이 되어 곧 쓰러질 것이다. 혼자 살아남는 일은 어떤 세상에서라도 불가능하다.

의미를 부여하라

몇 년 전 가게 마케팅 차원에서 제주도왕복항공여행권 이벤트를 열었다. 평소 컴맹인 나에게 급할 때마다 많은 도움을 준 동네 컴퓨터 가게 청년에게 제주도 여행 티켓을 주었다. 그리고 잊어버리고 살았다.

그런데 얼마 전, 그 청년이 와 한 달 전에 어머니께서 갑자기 돌아가셨다는 소식을 전했다. 40년을 아버지도 없이 서로 같이 의지하고 살다, 어머니가 식사 후 갑자기 돌아가시게 된 거란다. 상처가 가슴에 남아 아직까지 힘들다 했다. 못해드린 것만 생각났는데 그래도 한 가지 위안이 된 일이 있다 했다. 내가 드린 티켓으로 여행을 보내드렸던 게 그나마 위안이란다.

우연히 마케팅 차원에서 행한 제주도 여행 이벤트가 누군가에게 생의 마지막 여행이 되었다. 그 얘기를 들으며 나는 지금 운영하는 사업에 하나의 의미를 더 부여하게 되었다.

'우리 가게에서 하는 식사가 누군가에게는 마지막 식사일 수도 있다.'

이렇게 생각하니 사업을 함에 있어, 인생경영을 함에 있어 큰 책임감을 느꼈다.

나만의 이익이나 당장의 매출 증대보다 그 마지막 또는 뒷일을 깊이 생각하고 뭔가를 실행해야겠다는 생각이 들었다. 나의 말 한마디가, 내 행동이 세상의 빛이 될 수 있었으면 좋겠다.

혹시 이 책을 읽는 당신이 삶의 과정에서 어둠의 터널을 지나고 있다면, 내 용기 있는 고백과 도전과 실패의 이야기들이 아픔이 아닌 한줄기 빛이 되기를 간절한 마음으로 바랄 뿐이다.

모두 사장이 문제다

직원이 불친절한 가게의 문제는 사장이 원인일 확률이 높다.

사장이 불친절한 본보기를 보이는데 직원이라고 다르게 행동할까. 손님들에게 사장이 친절하면 직원은 그것을 따를 수밖에 없고 그런 태도는 자연스럽게 몸과 마음에 배이게 된다.

주변이나 실내가 지저분한 가게도 사장이 문제다. 음식 맛이 이랬다저랬다 매순간 변하고 불평이 많다면 그것도 마찬가지다. 밥이 오래되고 맛없는 것도 사장이 문제다. 그만큼 사장이 점검을 하지 않는다는 뜻이고, 점검을 하지 않는다는 건 장사에 임하는 태도가 나태하다는 말이다. 직원들이 화합하지 못하고 서로 싸우는 것도, 옆 가게는 잘되는데 우리 가게가 안 되는 것도 사장이 문제다.

음식이 빨리빨리 안 나오고 순서가 바뀌는 것도 다르지 않다. 식재료 관리가 안 돼 비싼 재료 버리는 것도, 회식 참석률이 낮고 애프터 모임으로 이어지지 않는 것도, 직원 이직률이 높은 가게도 분명 사장이 문제다.

결국 가게의 전반적인 문제들의 원인은 사장에 있지 직원들에 있지 않다.

사장은 최종책임을 지는 자리다. 직원들을 야단치고 편하게 앉아 손님에게 돈만 받는 자리가 아니다. 하루에도 몇 건씩 발생하는 수많은 일에 대처 방안을 내놓아야 하고 그에 따른 방향을 제시할 줄 알아야 한다.

사장은 '프로'의 영역에 속한 사람이어야 한다. 프로라는 말이 붙는다는 것은 그만큼 감당하고 견디며 책임져야 한다는 뜻을 포함한다. 프로의 영역에서 사장이 리더로서 역할을 잘해낼수록 결과가 좋다.

리더는 다가오는 모든 것에 객관적 시선을 유지하며, 문제의 테두리 안과 밖을 조망할 수 있어야 한다. 그것이 리더십의 본질이다.

당신이 사장의 자리에 있다고 함부로 직원들을 야단치지 마라. 자신의 업무지시와 시스템이 갖는 문제가 아닌지 점검하고 점검한 후 야단을 치더라도 쳐야 한다. 다시 말하지만 가게에서 일어나는 모든 문제는 직원이 아니라 사장이 원인이다. 사장은 꿈에서도 사업 방향 설정과 시스템을 고민하고 그것을 책임지는 자리인 것이다.

손님은 바보가 아니다

홀의 서빙직원이 손님의 불평사례를 삼남 삼아 늘어놓은 일이 있다.

오랜 시간을 근무한 다른 직원도 가세해 본인의 서빙경험담을 이야기하는 걸 듣고 나는 화들짝 놀랐다.

관리를 잘못했거나 예상보다 손님이 적었을 경우 당연히 식재료에 문제가 발생한다. 특히 해초 같은 경우 끈적끈적한 점액질이 생겨 쭉 늘어지는 현상이 생긴다. 문제가 있는 해초는 상에 올리지 않고 버려야 하는데 그 직원이 원칙을 무시한 것이다. 손님한테 해초에 생긴 끈끈한 점액이 몸에 더 좋다느니 숙성돼서 그렇다며 말발로 위기를 잘 넘겼다고, 본인은 늘 그렇게 한다고 자랑하듯 얘기했다. 역시 서빙은 말발이 생명이라는 말까지 덧붙였다.

오, 맙소사! 손님은 바보가 아니다. 임기응변식 변명은 가게 이미지를 실추시키고 신뢰를 떨어뜨릴 뿐이다. 직원 당사자에게도 좋지 않은 습관의 결과만 낳는다. 그와 비슷한 상황이 생기면 또 그렇게 위기만 넘기는 나쁜 습관이 나올 터였다. 진정성 있는 사과나 책임의 태도로 임하는 처리방식은, 손님과 사장, 더 나아가 직원까지 서로의 관계를 확장시킨다.

물론 상대 앞에서 잘못을 인정하는 것은 쉽지 않은 일이지만, 불가능한 일도 아니다. 진정성에 침을 뱉을 사람은 없다. 고개를 숙여야 할 때 잘못을 시인하고 겸손한 사과를 건네는 가게는 절대 망하지 않는다. 손님은 가게에 대한 신뢰가 쌓이고, 그렇게 쌓인 신뢰는 더 크고 좋은 일과 연결되기도 한다. 잠깐 눈을 가릴 수는 있어도 그것이 영원한 것은 아니다. 장사하는 가게에서 문제는 불시에 튀어나오고 똑같은 경우의 수로 날마다 반복된다. 일관된 자세가 필요하다. 손님은 절대 바보가 아니라는 것을 잊지 말아야 한다.

등 뒤에서 들리는 진심 어린 인사 한마디가 손님의 마음을 붙잡는다. 다만 내가 건네는 것들이 돌아오지 않아도 괜찮다. 진정으로 건네는 것들에 미련을 갖는 것은 불행의 씨앗이 된다. 그러니 다시 되돌아오지 않아도 좋다.

주변을 먼저 살펴라

장사를 한다면, 특히 주택가를 끼고 음식점을 한다면 분명 조심해야 할 것들이 있다.

첫째, 주차문제로 주변에 피해를 주지 말아야 한다. 내 손님이 남의 주차장에 주차하면 그건 내 잘못이다. 문제가 생기기 전에 유도 안내판 등을 잘 제작해 설치하면 되는 일이다. 그리고 택배기사, 보일러 수리기사, 유선 설치차량, 이삿짐 차량 등등 내 주차장에 잠시 세워놨다고 주인행세를 하는 건 유치한 짓이다.

어떤 이는 눈을 부라리며 따지기도 한다. 주차장에 정차했던 그들이 언제 손님으로 우리 가게를 다시 찾을지 모르는 일이다. 그들은 고객, 다시 말해 '예비고객들'이다. 눈을 부라리고 유세를 떨었던 그런 집에 가고 싶은 예비고객들은 세상 어디에도 없다.

우리 가게 주차장은 제2주차장까지 있다. 현재는 거의 동네 공영 주차장이 되어버렸다. 심할 경우에만 가끔 단속을 한다. 단속할 때도 최대한 정중한 태도여야 하는 것은 말할 것도 없다. 좋지 않은 얘기일수록 정중하게 해야 시비가 오가거나 다툼이 생기지 않는다.

잘되는 가게일수록 넉넉한 여유로움이 필요하다. 지역을 기반으로 장사하며 돈을 버는데, 나만 편하고 좋고 이익을 바란다는 건 이기심일 뿐이다. 크지 않더라도 뭔가 이웃에게도 돌아가는 게 있어야 한다.

둘째, 주변 청소를 잘 해야 한다. 천안의 한 한정식 식당 사장은 직원들을 시키거나 본인이 직접 가게 중심으로 오백 미터를 돌며 매일 쓰레기 줍고 청소한단다. 그 얘기를 듣고 나도 전담 직원을 써 매일 가게 근처를 청소하고 있다. 아무래도 많은 사람들이 오가다 보니 쓰레기가 많을 수밖에 없다. 기저귀 버리고 가는 사람, 먹던 커피 휙 던지고 가는 사람, 술이 과해 용변을 남의 담 밑에 보는 사람 등 사례도 다양하다. 청소를 하다 보면 우리 가게 손님이 안 그런 것도 많다. 하지만 가게를 위해서라면 꿋꿋하게 해야 한다.

성공하는 식당들을 유심히 들여다보면 몇 가지 특성이 있다. 그중 하나가 가게 주변을 깨끗이 청소한다는 것이다. 많이 베풀면, 베푸는 순간에는 손해 보는 것 같지만 나중에 보면 꼭 몇 배의 이익으로 돌아온다. 그러니 주차장, 청소 문제 등으로 인색하게 굴 필요 없다. 지금 무언가를 가졌다고 해서 유세하지도 말아야 한다. 손에 쥔 그것들이 끝까지 내 것이 될 거라 생각하는 건 착각이다. 잘되는 가게는, 겸손한 가게다. 그리고 겸손은 성공의 필수 요건 중 하나다.

05

나의 고생을
팔아라

내 안에 답 있다

한때는 '전문가'라 불리는 사람만 오면 우리 가게가 획기적으로 바뀌는 줄 알았다. 어떻게든, 어느 쪽으로든 성공하게 해줄 거라 맹목적으로 믿었다. 그런 믿음으로 몇십만 원에서 많게는 천만 원이 넘는 돈을 컨설팅 비용으로 지불했다.

시간이 흐르고 몇 번의 시행착오를 거치자 한 가지 사실을 깨달았다. 우리 가게를 방문했던 전문가의 말이 틀린 것은 아니지만 다 맞는 것도 아니었다. 나만큼 간절하게 내 가게에 대해 고민해보고, 동네의 특성을 잘 아는 사람 또한 없다는 결론에 다다랐다.

나 자신에 대해 나만큼 잘 아는 사람은 없다.

기도라는 것도, 어느 절의 스님이나 어느 교회 목사님이 해주는 것보다 본인의 간절한 기도가 더 낫다는 말이 있다. 세상 누구보다 자신의 문제는 자기가 가장 잘 알고 있다. 다만 인정하지 못하고 뭔가 새로운 방법이나 다른 곳에서 돌파구를 찾으려 하는 것뿐이다.

일단 장사가 안 된다는 것은 분명한 문제가 있다는 말이다. 사실 집안의 복잡한 문제가 원인인 경우가 은근히 많다. 사장이 두 명이라든지, 친척 간의 투자개입이라든지, 사연도 다 제각각이다. 이 문제는 표면적으로 드러나지 않지만 사실 가장 먼저 해결해야 할 쟁점이기도 하다. 근본적인 문제를 해결해야 다음의 것들이 떠오른다. 그다음, 또 그다음이 인테리어니 상권이니 하는 외부적인 것이 수순으로 이어진다.

어설픈 컨설팅 전문가들은 나중에 해도 될 일을 먼저 건드린다. 1순위, 2순위가 해결되면 자체로도 얼마든지 해결할 수 있는 것들을 전면에 세우기도 한다. 내 경험에 따르면 이런 경우가 대부분이었다.

장담하건데 답은 분명 내 안에, 우리 가게 안에 있다. 문제라고 생각하는 그것이 때로는 답이 되기도 한다. 답을 가장 잘 알고 있는 사람은 컨설팅 전문가가 아니라 바로 나 자신이다.

당신이 직접 뛰어라

때때로 고객의 입장이 되어보아야 한다.

　시간을 투자해 직접 발품을 파는 일은 돈보다 더 값진 것들을 얻을 수 있는 기회기도 하다.

　어느 식당에 갔을 때 내가 느낀 것들이다. 식사하다 냅킨을 잡아 올렸는데 너무 꽉꽉 눌러 담아 잘 뽑히지 않았다. 뽑을 때마다 덜렁 냅킨홀더가 딸려와 아주 성가셨다. 고객입장, 즉 사용자입장이 아닌 일하는 사람이 편하도록 해놨다는 생각이 절로 들었다. 자꾸 채우기 귀찮으니 왕창 눌러 담은 것이다.

　또 다른 식당을 갔을 때 일이다. 샤브샤브국물이 느끼해 고춧가루나 다대기(다진 양념)를 달라했더니 그런 거 없다고 딱 잘라버린다. 주방에 물어보겠다고 한 후 없다고 다시 대답해도 될 텐데도 그랬다.

　이런 일들이 결코 남의 얘기라 생각하지 않는다. 손님의 입장이 되면 우리 가게 얘기가 될 수도 있다. 입장을 바꾸면 보이지 않던 것들이 아주 선명하게 드러난다.

　시스템이 완벽한 식당을 가서 배우는 것도 당연하지만, 이름 없는 평범한 식당에서 철저히 손님이 되어 배우기도 해야 한다. 배움은 학력과 나이와 장소를 가리지 않는다는 게 내 생각이다. 내가 주인으로서 서빙 할 때 5분은 짧았지만, 손님으로 가니 1분이 10분처럼 느껴졌다.

이렇듯 나는 날마다 배우고 날마다 점검한다. 점검은 날카롭게, 눈길은 부드럽게, 손길은 섬세하게, 철저히 고객 입장에 서는 것이다.

제작자가 아닌 사용자의 입장으로

끌리는 식당의 비밀을 알고 싶고, 컨설팅과 강의에 관심이 생긴 후부터 남의 식당을 공부 차원에서 접근하고 관찰하게 되었다. 길거리를 다닐 때도 모임에 갔을 때도 내 시선은 변하지 않는다. 이 가게는 장사가 잘되겠네. 저 가게는 틀렸다. 저 가게는 왠지 느낌이 좋고 오래갈 것 같다 이런 생각과 말을 늘 한다.

동네 식당이 새로 오픈했는데 초등학교 6학년 작은딸 아이가 나와 같은 말을 해 놀랐던 적이 있다.

"엄마, 저 집은 딱 보니까 금방 망할 것 같아."

나는 후다닥 아이의 입을 막고 몇 마디 말로 주의를 주었다. 왜 아이들 눈에도 그런 게 보일까. 아마 사람의 느낌이라는 건 모두 비슷비슷한 모양이었다.

다른 것은 몰라도 식당은 무엇보다 먼저 정이 느껴져야 한다고 나는 생각한다.

신기한 점은 가게 안으로 들어가 보지 않아도 정이 있는지 없는지 느껴진다는 것이다. 내가 무슨 신기가 있어서가 아니다. 일반 소비자, 즉 물건을 사는 사람은 돈을 지불하는 만큼의 대가나 상품을 원한다. 식당업은 조금 다르다. 돈을 주고 물건(음식)을 사는 것은 같지만, 식당은 추억을 사러 오는 곳이고 건강을 사러 오는 곳이며 위로를 사러 오는 곳이기 때문이다.

추억을 사러 오는 곳인 가게 앞이 지저분하면, 손님은 그곳에서 추억을 담지 않는다. 건강을 사러 오는 가게 주방장이 위생복 입고 떡하니 담배 피우고 있으면 손님은 다른 곳으로 시선을 돌린다. 위로받고 싶은데 주인이나 직원이 얼굴을 잔뜩 찌푸린다면 오히려 위로해줘야 할 것 같아 등을 돌린다.

가게 한편의 예쁜 화분이나 멋진 사진 한 장, 주인장의 철학을 담은 글귀들에서도 손님들은 정을 느끼고 안심을 느낀다. 식당업은 일을 안 하려고 마음먹으면 정말 할 일이 없다. 무엇이든 적극적으로 임하는 사장에게는 종일 뭔가를 해도 일이 끝이 없다.

남의 건물에서 월세로 시작하는 작은 점포도 얼마든지 정으로 어필할 게 많다. 당장 가게 주변 쓰레기라도 줍고, 가게 앞 물청소라도 해보자. 예쁜 화분도 사다 놓고 정성 들여 쓴 글귀라도 걸어보자. 주인의 마음가짐에서 뿜어져 나오는 기운은 가게 앞을 지나는 사람들에게도 전달이 된다.

발품으로 가치를 확장해라

가장 효율적인 결과는 외적이고 양적인 것에서 질적이고 가치적인 것으로 확장되는 일이다.

누가 높이 쌓았나, 누가 많이 차지했나를 가늠하는 것이 양적인 잣대이다. 이런 양적인 사업 확장은 자기보다 더 높이 쌓고 더 많이 차지한 사람을 만나면 상대적 박탈감이 들기 마련이다.

어떤 강의를 듣다 보면 가게를 2년에 하나씩 늘리지 못한 것에 대해 충고를 잔뜩 해대는 경우가 있다. 또 어떤 분은 가게를 잘 키워서 3년이 지나기 전에 권리금 받고 파는 일을 외식업이라고 말하기도 한다. 물론 가게를 여럿 소유하고 있으면 고용창출이라는 측면에서, 정부도 하지 못하는 훌륭한 일을 해내는 좋은 면도 있다.

동기들의 가게로 맛 기행을 다니다 보면 참 많은 일들과 접하게 된다. 전통 있고 멋있는 가게는 메뉴 하나하나에 사연이 들어 있다. 또 주차장 하나 별채 하나 더 늘리기 위해 사투를 벌인, 눈물 없이 들을 수 없는 경험담들 앞에서는 고개가 숙여진다. 규모가 크지 않아도 상당히 안정적인 매출을 올리는 경우도 많아 배울 게 한두 가지가 아니었다.

나는 여러 가게를 다니며 느낀 점을 정리해 알차게 잘되는 가게의 특징을 리스트로 만들어 보았다.

하나, 디테일이 살아 있다. (음식 담음새, 그릇, 화장실에 비치된 소품 등)

둘, 직원들과 생각을 교류하고 소통을 잘한다. (직원들 얼굴 표정과 행동 속에서 사장의 얼굴과 생각이 엿보인다)

셋, 늘 공부하고 연구한다.

넷, 부부가 합심해 최선을 다한다. (그 가정의 대표적인 수익활동이자 얼굴이기에 모든 것이 녹아 있다)

다섯, 큰돈을 들이는 투자성 운영보다는, 작게 시작했지만 열심히 맛을 내고 진심으로 손님을 대하다 보니 점점 입소문이 나서 널리 알려진다.

여섯, 번 돈을 공부(연수, 강의, 책, 맛집 탐방 등)에 재투자한다.

일곱, 돈 좀 벌었다고 쉬워 보이는 다른 곳에 섣불리 투자하지 않는다. (식당을 제대로 운영하는 사람의 눈에는 공부할 것만 보이지, 시간이 남아 다른 사업 기웃거릴 틈이 나지 않는다)

여덟, 거래처를 을이 아닌 파트너로 생각한다.

아홉, 지역민들을 위한 숨은 봉사를 많이 하고 기꺼이 나눔을 실천한다.

열, 가치관과 철학이 확실하고 정이 넘치는 마인드를 유지한다.

나만의 레고를 팔아라

세상의 모든 것은 다 모방이고 편집이다.

이를 가리키는 개념 중 하나가 '큐레이션' 혹은 '큐레이션 현상'이다. 이것을 인터넷으로 찾아보면 무수하게 쏟아져 나오는 자료에서 의미 있거나, 볼만한 것들을 골라주는 일을 뜻한다. 이를테면 미술관에서 활동하는 큐레이터들과 비슷한 역할이라 보면 된다. 큐레이션은 단순하게 모아주는 것(aggregation)과는 다르다. 철학이나 관점을 갖고 선별해준다는 의미에 가깝다.

이랜드 창업주 박성수 회장은 독서 경영으로도 유명하다. 100권의 책을 읽고 가장 괜찮은 책 하나를 선정해 직원들에게 읽힌다고 한다.

한국외식정보(주) 박형희 대표는 항상 '레고확보 경영'을 강조한다. 그는 20만 개의 레고를 가진 사람과 1000개의 레고를 가진 사람은 경쟁 자체가 될 수 없다고 한다.

식당도 마찬가지다. 이랜드 창업주가 직원들을 위해 수많은 책을 읽는 것처럼, 손님들을 위해 전국의 소문난 맛집 탐방도 내가 먼저 다녀야 한다. 가장 맛있고, 가장 멋있고, 가장 감동 받았던 것을 잘 선정해 내 식당에 적용시켜야 한다. 그러면 손님들은 주인의 큐레이션 결과물을 받게 되는 것이다.

세상에 새로운 것들은 이미 없고 창조는 신 또는 우주 바깥의 영역이다. 인간이 무언가 아이템을 내고 문제 해결을 하고 매장 콘셉트를 정할 때는 자신의 경험, 읽었던 책, 들었던 강의, 먹어봤던 음식, 자기가 받아본 감동의 서비스 등 다양한 것들에 바탕을 둔다. 그것을 기반으로 생각하고 뭔가를 결정한다. 이때의 결정과 결과물은 레고를 얼마나 가지고 있는가에 성패가 달려있다.

예술의 영역도 마찬가지라 나는 생각한다. 독보적인 창조나 창작은 불가능한 일이다. 아주 작은 씨앗이라도 자기 안에서 스스로, 독립적으로, 오직 세상에는 결코 없는 것으로 솟아오르지 않는다. 기억이든 현상이든 내 안의 무언가가 차오르고 외부의 현상들이 미묘하게 맞물렸을 때 자기만의 색깔로 표현되는 것이다. 다만 얼마나 새로운 관점인가, 기존의 것들과 얼마나 차별화된 것인가는 예술가인 당사자의 몫으로 남는다.

레고는 경험이다. 레고는 독서다. 레고는 발품이다. 레고는 강의를 듣는 것이다. 그래서 세상의 모든 것은 레고라 할 수 있다.

나만의 레고를 많이 확보하는 자가 좀 더 유리한 길을 걷는다. 성공의 세계에 좀 더 빨리 그리고 크게 닿는다. 이 레고는 많이 가진 자가 동정심으로 몇 개 던져 줄 수 없다. 훔쳐 올 수도 없다. 오직 내 경험에서 나온 직관, 즉 감각과 맞물린 영역의 것이기 때문이다.

3장

실패한 그 자리에서 일어나는 5가지 방법

01

포기하는 법을 잊어라

포기도 습관이다

우리 식당에 새로 들어온 직원이 기존 선배들과 마찰로 힘들어 더 이상 일을 못하겠다고 푸념한다. 자기는 잘한다고 하는데 양쪽에서, 위아래에서 몰아붙인단다. 이럴 때 나는 이렇게 말해준다.

"네가 그걸 못 견디고 다른 곳으로 가면 거기서도 똑같은 상황이 발생할 거야. 이름과 얼굴만 바뀔 뿐이지."

현재 처한 상황이 누구나 다 쉽진 않을 것이다. 그러나 이를 악물고 모든 상황을 온몸으로 받아들이고 견디면, 자기도 모르는 사이에 내면에 엄청난 파워가 쌓인다. 심력이 생긴다는 뜻이다.

   삶에서 진정 큰 그림을 향해 나아가는 사람이라면, 적은 월급이든 쪼아대는 상사든 여타의 불합리한 환경들을 다 이겨낼 수 있다. 지금 상황이 짜증나고 재미없고 힘들다면, 종이에 자신이 반드시 이루고 싶은 꿈들을 모두 적어보자. 자신이 삶에서 진정으로 원하는 큰 그림을 생각하는 사람들은 스트레스를 충분히 꿈을 향한 추진력으로 전환할 수 있을 것이다. 오히려 그 스트레스에 감사한 마음을 갖게 된다.

   나는 포기도 습관의 하나라 생각한다. 내 주변에도 조금 힘들다고 피하고 외면하고 그만두는 사람들이 많다. 내 보기에 좀 더 노력하면 다다를 것 같은데 너무 쉽고 빠르게 손을 놓아버린다. 그러나 포기하는 일을 포기했을 때 경험할 수 있는 작은 성취는, 근력이 붙어 또 다른 성취를 이루게 한다. 우주 바깥에서 당신이 생각지도 못한 큰 선물을 안기는 것이다. 포기하지 않고 묵묵히 걸어가다 보면 누구도 베낄 수 없고 뺏어갈 수 없는 자기만의 재산, 자기만의 브랜드가 어느 순간부터 시작된다.

새로운 관점이 포기를 이긴다

요즘 여주 시내 한집 건너, 한 점포 건너 임대 전단이 붙어있다. 불황의 안개가 사방으로 퍼져 나간다. 거리에 넘쳐나던 인파들은 어디로 꼭꼭 숨었나 보이지 않는다. 한 시간 넘게 옷가게 사장님과 잡담하며 밖을 지켜보니 지나가는 사람이 아무도 없다. 할머니와 초등학생 몇 명이었을 뿐이다. 옷가게는 하나 있던 여직원을 얼마 전 내보내고 부부가 번갈아가며 가게를 지킨다. 여주를 뜨고 싶단다.

서울 강남 도심의 사장들은 사장들대로 연방 한숨이다. 직장인들이 지갑을 열지 않고 삼각김밥으로 때우거나 저가의 반짝 뷔페에만 버글거린단다. 여주사람들은 여주를 뜨고 싶어 하고 서울사람들은 서울을 떠나 외곽으로 빠지고 싶어 한다. 자리만 바뀔 뿐 고민은 똑같다. 여주사람들은 주말에 사람 구경하기 힘들다 하고 서울사람들 또한 주말에 사람 구경하기 힘들다고 한다.

불황의 이유도 있고 이에 관한 방법도 있다.

외식업, 식당을 하는 사장님들은 꼭 심리학에 관심을 가져야 한다. 심리학, 마케팅, 가게 위치, 메뉴, 가격 등이 적절하게 어우러져 요건이 충족되면 난관을 빠져나올 수 있다. 손님들이 왜 줄서는 집에 또 줄을 서는지, 왜 차를 몰고 멀리 산속에 있는 맛집을 찾아가는지, 왜 음식을 먹다 말고 사진을 찍어 SNS에 올리는지, 고객은 어떤 경로로 오는지 공부하고 연구해야 한다. 다행이 이 점을 일찍 깨달은 나는 임헌수 모바일 마케팅 전략 연구소 소장님을 만나 적극적인 SNS 마케팅을 펼쳤다.

나는 모바일 마케팅 수업을 통해 여주라는 지역적 한계를 돌파할 수 있었고, 손님들과 관계도 더욱 끈끈하게 맺을 수 있었다. 무엇보다 나의 이야기를 진솔하게 털어놓음으로써 가게를 찾는 사람들의 마음을 얻었다. 자연히 매출이 늘었고, 단골손님, 나아가 충성 고객까지 생겼다. 그렇게 SNS 마케팅은 우리 가게의 '신의 한 수'로서 역할을 톡톡히 해냈다.

안타까운 것은 장사가 잘 안되는 가게는 공부 투자를 할 여력이 없다는 점이다. 부부나 직원 한둘 데리고 운영하는 자영업은 바깥에 나올 엄두를 못 내고, 그러다 보니 땅만 보고 길을 가는 형국이다.

높이 올라가 멀리 보고 내 위치를 정확히 바라봐야 한다. 그래야 어느 방향으로 갈지 감이 잡힌다. 그것마저 여유를 내지 못하는 곳들이 많다. 당장 하루 파견 일당 지출에 벌벌 떨고 계산기 두드리는 게 대부분의 현실이다.

악순환의 고리를 끊으려면 한번은 힘든 결단을 내리는 지점이 필요하다. 누가 평생 뺏어갈 수 없는 관점을 눈에 이식해, 나만의 관점으로 내 위치를 볼 줄 알아야 한다는 말이다. 그렇지 않으면 불황의 안갯속을 헤매며 마음의 상처를 입고 약해지다 또 그 약한 틈을 타 덤벼드는 것들에게 먹잇감이 되는 악순환이 벌어진다.

공부하고 알아야 새로운 관점의 눈이 생긴다. 세상에는 사람도 많고 돈도 많다. 자석처럼 사람과 돈을 끌어당기고 싶지 않은가. 시간이 정 허락되지 않으면 나는 책이라도 읽고 스스로 길을 모색하려 노력한다. 이는 특별할 것 없이 누구나 할 수 있는 일이다.

끝까지 쥐어야 산다

사람은 책임을 많이 져봐야 성장한다.

나는 환경 여건상 스스로 선택하고, 그 선택에 책임을 지는 삶을 살아왔다.

책임진다는 것에는 책임을 안 져본 사람은 알 수 없는 고민과 고통이 따른다. 어떻게 하면 문제를 타개할까 고민하다 보면 섬광처럼 스치는 아이디어가 솟아난다. 그리고 그것이 실마리가 되어 문제들이 쉽게 풀리는 경우가 많다.

7년 전, 그러니까 내가 가게를 막 일으킬 때였다. 현금이 많이 부족한 상황이 닥쳤다. 돈은 솟아날 데가 없으므로 난관 중의 난관이었다. 고심 끝에 아는 사장님께 현금흐름을 부탁했다. 당시 내가 가지고 있던 카드 세 개를 최대 장기 할부로 긁으니 3000만 원 정도 나왔다. 그 돈은 우리 가게를 지금의 위치까지 끌어올리는 단비가 되었다.

내가 아는 분의 일화다. 30년 전, 무일푼으로 가족들이 길바닥에 나앉게 된 상황에 놓였다. 어떻게 문제를 풀까 며칠 고민하다 아이디어가 떠올라 바로 실행에 옮겼다. 비싼 백과사전 한 질을 130만 원에 할부로 구입한 후, 그대로 중고서점에 100만 원에 팔았다. 그 돈을 기본자금으로 옷을 떼어다 길에서 팔고, 거기서 번 돈으로 오토바이를 샀다. 결국 그분은 돈을 모아 치킨집을 차릴 수 있었다.

문제의 해결책은 막 흥분해서 생각하면 잘 떠오르지 않는다. 해결방법은 깊게 고민하고 천천히 살펴야 보이는 보물찾기 같은 것이다. 어떤 문제든 고민하고 고민하면 바늘구멍 만한 작은 해결점이라도 보이기 마련이다.

여기서 가장 중요한 것은 문제의 해결을 보려면 책임도 같이 져야 한다는 점이다. 책임 없는 해결은 없다는 게 내 지론이다. 책임을 감내하는 마음, 도망가지 않고 책임지는 그 마음만 꽉 쥐고 있으면 세상 천지 널린 게 해결방법이다. 아무리 어려워 보이는 문제라도 분명 해결될 수 있는데, 그 고통의 고민을 안 되겠다는 쪽으로 생각하거나 넘겨짚는다. 결국 해결이 아닌 포기를 해버리는 것이다.

'해보기나 했어?'라는 말처럼 끝까지 해봤는지 생각해볼 문제다. 내 삶은 늘 고민하고 해결하고 또 문제가 발생하고의 연속이다. 그런 삶 속에 있으니 이제는 어떤 문제가 닥쳐도 체감의 고통이 덜하다.

살아가는 동안 누구에게나 문제가 발생할 수밖에 없다. 누구나 나와 다르지 않다. 다만 받아들이고 해결하는 능력이 커져 있는 사람은 문제를 어려운 것으로만 생각하지 않는다. 한 마디로 통이 커졌다고나 할까.

　당장 내일부터라도 통을 크게 키우려면 작은 성취를 시도해보는 것도 한 방법이다. 그게 무엇이든 작은 성취를 얻는 일은 내 자신감, 내 자존감에 날개를 다는 것과 같다. 도망가지 말고 눈앞에 닥친 문제라는 놈을 꽉 쥐고 '네가 이기나 내가 이기나 두고 보자'하고 맞장을 떠보아야 한다.

　누구도 알 수 없는 마음속 훈장이 달릴 것이다. 그렇게 얻은 훈장은 다음 문제 해결의 중요한 키워드가 될 수 있다.

02

인생의 거센 파도를 즐겨라

당신의 배(ship)는 어디에 있는가

사업이 잘되고 유명해질수록 그림자처럼 따라붙는 게 있다. 바로 시기와 질투의 대상이 되는 것이다. 당사자도 모르는 수많은 유언비어들이 설왕설래한다. 유명해지고 알려진다는 것은 도마 위에 올라 난도질을 기다리는 생선과 같다 생각하면 된다.

어떤 모임에서든 잘나고 멋지고 능력이 뛰어난 사람이 질투의 대상이 되는 것을 쉽게 볼 수 있다. 그러나 인간 최대의 사명은 도전하고 노력하고 변화하고 성장하는 길을 걷는 것이다. 배가 항해를 시작하면, 배를 처음 탄 사람들은 출렁이는 파도에 멀미가 일어 힘들기만 하다. 넓고 깊은 바다로 나아갈수록 집채만 한 파도가 배를 집어삼킬 듯 덮치고 또 다른 위협을 가해오기도 한다.

반면 항해를 많이 경험한 노련한 선장들은 파도를 무서워하지 않고 멀미도 하지 않는다. 정녕 그것이 겁나거나 두려우면 조용하고 아늑한 항구에 배를 정박시키면 된다. 더 앞으로 더 멀리 나아가지 않고 움직이지 않으면 된다. 그러면 시기와 질투의 대상이 되지 않을뿐더러 멀미도 나지 않는다.

나는 시기와 질투의 대상이 되는 일이 두렵지 않다. 누군가 내 시도들에 대해 곱지 않은 눈으로 바라보거나 힐난하면 이렇게 생각하면 그만이다. 시기와 질투를 하는 입장보다, 시기와 질투의 대상이 되어 다행이다. 그만큼 나는 상대가 가지지 못한 것들을 가졌다는 말일 테니.

당신이라면 어느 쪽을 선택하겠는가!

즐겁게 놀아라

'똑똑한 자 노력하는 사람 따를 수 없고, 노력하는 자 즐기는 사람 따를 수 없다' 했다. 내면의 상태는 언젠가 어떤 식으로든 배어 나오기 마련이다. 즐겁지 않은데 즐거운 척하는 것도 한두 번이다. 기쁘지 않은데 기쁜 척하는 것 또한 금세 들통 난다. 내 안의 심해에 온통 폭설이 몰아치고 있는데 표면의 물결이 잔잔하다는 것은 거짓이다. 그 거짓으로 얼마 동안은 넘길 수 있지만 결코 오래가지 못한다.

일터가 놀이터요, 놀이터가 곧 일터가 되어야 한다는 말은 많이 접했을 것이다. 나는 '놀이'라는 말을 정말 중요하게 생각한다. 일터가 놀이터가 되는 것처럼 즐거운 일이 또 있을까.

다만 이 놀이의 즐거움이 현장에서 한결같은 모습으로 배어나오려면 여러 여건들이 따라주어야 한다. 외부적인 교육, 훈련, 직급, 금전적인 보상 등의 동기부여는 한계가 있다. 열 개를 쥐게 되면 잠시 만족하다 곧 열한 개를 바라기 마련이다. 언젠가는 약발이 다하는 날이 오기 때문이다. 나는 내가 가진 것들이 삶을 삶답게 영위해 나갈 수 있는 필요충분조건 기준을 이미 넘어섰다고 생각한다. 내 차, 내 건물, 내 가게, 내 집.

많은 사람들이 평범하지만, 그 조건에 도달하지 못해 때로는 좌절하고 절망한다. 아직도 수많은 사람들이 목표와 꿈을 향한 리스트에 좋은 차와 집을 적는다.

내 하루 수입은 일반 대졸자 기준으로 10년 이상 근무한 직장인의 한 달 월급을 웃돈다. 그 이상이 될 때도 많다.

잘난 척을 하려는 게 아니라 사실을 말하는 것이다. 여기서 중요한 것은 내가 가진 것들을 누구나 가질 수 있고 누구나 도달할 수 있다는 점이다. 비결의 하나가 즐겁게 일하는, 바로 놀이의 시선이다.

웃어야 산다

외식업에 꿈을 안고 덤볐다가, 월급보다 못한 수익에 좌절하고 실망해 희망의 빛을 잃는 모습을 수없이 보았다. 대출이자는 계속 나가는데 당장 뭐가 문제인지도 모르겠다. 어설프게 문제를 타계해 보겠다고 컨설팅 업자를 불러 이것저것 손댄 것 없이 몇천만 원이 훅 나간다. 아직 냉장고며 에어컨이며 할부로 그은 카드값도 나가는 중이고 초기 투자금 회수도 못 했는데 말이다.

컨설팅업자가 말한 대로 다행히 장사가 잘되면 다행이다. 안됐을 때가 문제라는 말이다. 된다고 해도 컨설팅 비용이며 여기저기 손댄 비용을 어째야 하나. 역시나 한동안 고생해서 뽑아내야 하는 숙제를 안고 시작하니 마음이 급하고 무거울 수밖에 없다.

이런 상황에 내몰려 마음이 급하니 초심을 잃게 되고, 마음이 무거워 얼굴과 행동에 자기도 모르는 긴장감이 흐른다. 직원들과 손님들에게 기쁨의 얼굴, 즐거운 얼굴이 될 수 없다. 손님들은 귀신같이 느낌으로 알아차린다. 음식과 함께 그 가게의 에너지를 먹기 때문이다.

생각해 보라. 우연히 들른 식당인데 무겁게 착 가라앉은 가게, 그곳에서 먹는 음식이 맛이나 있겠나.

대한민국의 꿈을 찾는 청년들과 벼랑 끝으로 내몰린 직장인들이 마지막 보루인 창업전선으로 흔히들 생각하는 게 식당이다. 가상 쉽게 접근하지만 가장 실패도 많이 하는 영역이 외식업종이다.

나는 아직 살아남아 있다. 스스로 즐겁고 재미있게 운영한다고도 자부한다. 이때의 노하우는 어느 한 가지로 정의하기 어렵다. 여러 것들이 미묘하게 맞물리고 어우러진 복잡하고 다양한 세계다.

이 다양한 세계는 식당업으로 성공하고 싶고 성공해야 했던 절실함 속에서 하나하나 체득한 것들로 메워지고 있다. 여기에 절실함과 최종 결정권자로서의 자유롭고 도전적인 실행력이 한몫을 한 것 같다.

우리 가게는 전반적으로 환하고 밝고 경쾌하며 즐거운 기류가 떠돈다. 직원들 목소리 톤도 일반적인 것보다 두 단계 정도 높다. 이는 강요해서 얻을 수 있는 것들이 아니다. 사장인 내가 솔선수범을 보이면 직원들은 자연스럽게 따를 수밖에 없다.

사장이 한껏 찌푸린 먹구름의 얼굴로 카운터에 턱하니 버티고 앉아 직원들에게만 친절해라, 목소리 톤을 높여라, 미소 지어라, 손님의 눈높이에서 서빙해라 잔소리해대면 그 가게는 곧 망한다. 내가 먼저 웃어야 직원들도 웃고, 더 나아가 우리 가게에 온 손님들도 웃는다.

03

포지션을 정해라

나는 왜 그 일을 하는가

누구나 '하루'라는 시간 앞에 선다.

  직장인이라면 하루 일상의 초점이 회사에 맞춰질 것이고, 회사를 운영하는 대표라면 하루의 동선이 사업장 안에서 이루어진다.

  어떻게 보내든 하루는 흘러간다. 그 하루들이 모여 한 달이 되고 일 년이 되며 훗날 그것은 평생이라는 큰 테두리로 귀결된다. 우물 쭈물하다 고개를 들어보면 어느새 인생의 막바지에 다다라 있다. 이 평생이라는 테두리 안에서, 무엇을 하고 있고 무엇을 할 것인가를 모른다면 그는 지금 불행의 길을 걷고 있다 해도 무방하다.

한 번쯤 성공의 지점에 서 보고 싶지 않은 사람은 없다고 나는 생각한다.

성공의 지점에 서기 위해 무엇을 해야 할까. 그 일을 왜 하는가를 먼저 알아야 한다. 그걸 알아야 자신의 영역에서 성과를 내고 성공할 수 있다.

어제 모임에서 소위 '갑'인 친구를 만났다. 그는 멋진 양복을 입고 여의도 최고 증권가 빌딩에서 IT 관련 일을 한다. 보통 사람은 가기 힘든 잦은 해외출장도 좋아 보이고, 주 5일 근무에 가족들과 여유롭게 주말을 보내는 것도 내심 좋아보였다. 그런데 그 친구 말은 달랐다. 자기는 5년 안에 거기서 밀려날 거라고 했다. 해외출장은 호텔서 종일 회의만 하다 오고, 주말도 거의 없이 기획서 준비하고 야근을 밥 먹듯 한다. 그래서 온통 재미없게 살고 앞으로의 자기 미래가 불투명하다며 오히려 나를 부러워했다.

미처 몰랐는데 그제야 친구 눈을 보니 반짝이는 열정이 없었다. 회사소개 브리핑을 하면서도 별 감흥이 없는 듯했다. 친구는 현재 몇 년째 자신의 진로와 비전을 찾고 있단다. 그리고 이미 꿈과 비전을 찾은 나에게 명함을 받아갔다.

나는 아침에 일어날 때마다 나 자신에게 이렇게 묻는다.

'나는 왜 이 일을 하는가.'

스스로 묻고 스스로 대답한다. 그러면 오늘 내가 무엇을 해야 하는지 자연스럽게 따라온다. 자기가 무언가를 하면서도 그 일을 왜 하는가를 모르면 하루하루가 힘들고 지겨울 수밖에 없다. 그런 똑같은 하루가 저 멀리까지 줄지어 있다.

자기 스스로에게 매일 묻자. 나는 왜 이 일을 하는가?

당신의 포지션은?

식당을 운영하는 분들과 참 많은 교류를 하다 보니, 다양한 메뉴만큼이나 다양한 사업 형태를 보게 된다.

어느 사람은 소스니 된장이니 온통 식재료 연구에 집중되어 있다. 전국으로 해외로 아이템 사냥을 주로 다니는 사람, 관련 학위에 더 관심을 기울이는 사람, 먹고 노는 여유로움 속에서 승승장구하는 사람도 있다. 한편으로 아침 7시부터 밤 10시까지 성실하게 장사해도 겨우 먹고사는 사람도 있다.

가게의 규모, 메뉴 구성, 경영 형태에 따라 다르겠지만 모든 일에는 각각의 역할이 있기 마련이다. 손발과 머리와 눈의 역할을 할 사람이 분명하게 구분되어 각자의 자리에서 제 소임을 다해야 한다. 나는 엄밀히 따지면 가게 규모에 비해 음식은 솔직히 잘 모른다. 주방의 메인 요리사처럼 된장이니 장아찌니 담가본 적도 없다. 당연히 초밥이나 회는 다루지 못한다.

　대신 트렌드나 대중심리, 그리고 마케팅, 홍보, 이미지전략 브랜드 등에 더 관심을 두고 고민하고 연구한다. 세상이 무엇을 요구하고 소비자는 어떤 심리를 바탕으로 메뉴를 선택하고 또 사는지 바탕이 된다. 온 촉각을 세워 책도 보고 강의도 듣고 토의를 한다. 이 매출에는 직원을 몇 명을 써야할지, 어느 곳에 배치해야 최고의 성과를 내는지 잘 알고 있다. 내 포지션은 경영전략가인 셈이다. 이는 손과 발보다 머리와 눈이 되어 더 멀리, 더 넓게, 더 많은 것을 보고 느끼고 깨달은 것을 가게에 적용하고 성장을 돕는 역할이다.

　우리 부부는 같이 장사를 하지만 영역이 명확히 분리되어 있다. 남편은 음식을 완벽에 가깝게 만드는 기술자, 나는 전략가. 그런데 대부분 부부가 운영하는 가게는 그렇지 못하다. 창업 초기에는 직원을 여럿 두기 부담스럽기에 부인이 음식을 만들고 남편은 배달을 한다. 앞을 보는 눈이 있어야 하는데 손과 발만 있는 형국이다. 열심히 성실하게 움직여도 답이 나오지 않고 제자리걸음이다. 점점 상황은 힘들어지고 결국에는 포기해버린다.

　잘되는 이유를 자기 가게만의 비법, 비책으로 꽁꽁 묶어 노하우라는 이름으로 간직한다. 그러니 세상에 공개되지 않는다. 말 그대로 비밀이기 때문이다. 나는 꽁꽁 숨겨둔 비밀을 듣기 위해 많은 시간과 비용과 정성을 들인다. 단번에 "그래, 알려주마!" 하는 곳은 어디에도 없다. 낙심 없이 몇 번이고 들이대 하나씩 배워가는 중이다.

하늘 아래 더이상 새로울 것이 없다고 할 정도로 이제는 모든 소스니 음식이니 다 평준화의 길을 걷는다. 이렇게 '메뉴얼화'된 것들은 비슷비슷한 색채와 무늬를 띤다. 복제된 로봇처럼 특징을 찾아보기 어렵다. 그렇다면 이 메뉴얼화 되어가는 시장에서 어떤 포즈를 택할 것인가. 어떻게든 한 방향을 정했다면 다음으로는 모델로 삼은 곳의 소스나 메뉴, 그리고 문화까지 내 가게에 어떤 방식으로 융합시키느냐가 관건으로 남는다.

자기화, 즉 자기 안에서 충분히 소화시켜 육화되어 나오는 것들이 융합의 결과물이다.

좋은 음식을 어떤 그릇에 담고, 어떤 분위기, 어떤 멘트를 곁들일 것인가. 누구에게 팔 것인가. 가게 주변이 관광지인가 쇼핑몰인가에 따라 적용할 기준이 달라진다.

만약 당신이 식당을 운영한다면, 당신의 가게가 어떤 경영전략을 취하고 있는지 정확하게 판단해야 한다. 그 포지션이 3년, 5년, 혹은 10년 후를 내다보고 밑그림을 그려줄 아주 중요한 위치가 된다. 바로 당신(사장)이 해야 할 역할이다.

최고만을 내놓겠다는 마음

한번은 이런 일이 있었다. 저녁 장사 때 화를 내고 나니 기분이 내내 좋지 않았다. 얘기는 이랬다.

멀리 전주에서 '맛집'이라고 찾아온 부부가 보리굴비를 주문했는데, 주방에서 내오는 것을 보니 크기가 5센티미터는 작아보였다. 당장 줄자로 재보니 역시나 내 예상이 맞았다. 일단 손님들께 사과하고 다른 음식들을 더 챙겨드렸다. 나는 당장 전화를 걸었다.

"사장님, 이러면 안 되잖아요! 왕특 사이즈로 보내주기로 계약했는데 어떻게 중간에 작은 것을 섞어 보냅니까?" 흥분한 나는 손님들께 어떻게 내놓겠느냐고 한참을 따졌다. 사실 손님들은 잘 모르니 원래 그런 줄 알고, 잘 먹고 간다며 김까지 사갔다. 죄스러웠다.

우리 식당은 전국 최고의 맛과 크기를 콘셉트로 내세워 자리매김하고 있다. 돈은 돈대로 받으며 그렇게 질이 떨어지는 물건을 주니 화가 많이 날 수밖에 없다.

"사장님, 제가 언제 단가 깎자는 소리를 한 적이 있나요? 차라리 지금보다 단가 더 올리더라도 최고 좋은 것으로만 보내주십시오!"

전화를 끊고서도 한참 동안 마음이 좋지 않았다.

장사는 고객과의 약속이기 전에 나 자신과의 약속이다. 최고만을 내놓겠다는 마음, 그 초심을 절대 놓지 말아야 한다. 그럴 자신이 없다면 그리고 몇 달 흉내 내다 말 거라면 애초에 시도도 하지 말아야 한다. 오히려 문 닫는 지름길로 화약 짊어지고 불에 뛰어드는 꼴이다.

장사와 사업은 선거와 본질이 비슷하다. 삼촌집도 맛없으면 안 간다. 외할미 떡도 커야 사 먹는다. 선거철이 되면 꼭 한 표 찍어 달라는 선거운동들을 한다. 그러면 유권자는 면전에서 알았다고 대답한다. 진짜 속내는 안 보이기에 무조건 당신 찍어준다, 지지한다, 식으로 일관한다. 하지만 선거 당일 도장을 누구한테 찍었는지 며느리도 모르는 법이다. 뚜껑을 열었을 때 비로소 승패의 갈림길이 보인다.

장사라는 것도 그와 마찬가지다. 특히 음식 장사는 더욱 그렇다. 앞에서는 무슨 말인들 못하겠는가. 내가 아는 어떤 식당 사장은 여기저기 모임에 가서 손님을 유치하기 위해 엄청나게 가게를 홍보한다. 대부분 눈앞에서는 한 번 가겟다 말한다. 하지만 막상 약속 지키려 발걸음 떼는 사람은 별로 없다.

지갑을 여는 손님들은 냉정하다. 도장을 찍는 유권자도 냉정하다. 그러므로 동정표를 얻어 선거에 당선되는 일은 정말 기적 같은 일이다. 기적은 일어나기 어려운 것이기에 기적이라 말하는 것이다. 따라서 기적을 바라는 태도라면 아무것도 손에 쥘 수 없다. 그러니 진심 어린 공약을 내놓고, 허무맹랑한 입발림 따위는 집어치우고 진정성의 자세를 취해야 한다. 본질에 최선을 다하면 손님이든 유권자든 알아서 찾아온다. 손님이 가게로 찾아오게 만드는 열정도 노력도 없는 사람이 어떻게 장사를 하겠는가.

04

강의를 듣고 책을 읽어라

관점의 재발견

요즘은 말 한마디 글귀 하나에 제품이나 사람이 대박의 반열에 오르는 일이 빈번하다. 그들에게 있고 내게 없는 것은 무엇일까 고민해볼 일이다.

잘나가는 회사, 잘나가는 제품을 보면 한 가지 특징이 있다. 시선의 눈높이나 방향성이 평범한 사람들과는 다름이다. 다른 관점은 '생각의 전환', '생각의 유연성'에서 비롯된다. 이것은 관점의 영역에서 강력한 무기가 된다. 전환이나 유연성은 저절로 솟아오르지 않고, 남을 통해 얻을 수도 없다. 이를 갖추려면 독서를 많이 해야 한다. 일방적으로 내 쪽에서 보는 게 아닌 여러 각도의 시선으로 보려는 노력이 병행되어야 겨우 얻을 수 있다. 이는 내 관점이 아니라 여러 사람의 관점으로 보는 능력을 말한다.

특히 식당 사장은 정신 무장이 되어있어야 한다. 심신이 나약하면 작은 일에도 심장이 쪼그라들거나 눈동자가 불안하게 흔들린다. 꾹꾹 눌러 밟은 흙덩이가 단단하게 다져지는 것처럼, 자신을 단단하게 다져야 한다. 단단한 세계는 어떤 바람이 불어와도 쉽게 허물어지지 않는다.

정신 무장을 어떻게 할 것인가. 공부를 하면 된다. 이때 책을 읽는 일은 기본 중의 기본이다. 책은 음식으로 말하면 수분 같은 역할이다. 메마른 음식은 식당 전체의 땅을 가르고 스며들어 결국 나무의 뿌리를 흔든다. 그 나무 뿌리가 바로 당신과 당신이 운영하는 식당이 될 수 있다.

책을 많이 읽는 것은 기본이지만, 다른 방법을 습득하는 것도 중요하다. 스마트폰이 대중화되면서 많은 활용이 가능해졌다. 나는 '유튜브'를 통한 동영상 강의를 많이 듣는다. 유명한 저자들의 동영상을 검색해보면 강의도 함께 들을 수 있다. 책의 특성상 글로 표현되지 못하는 부분을 엿볼 수 있고 때로 글보다 표정, 손짓, 몸짓이 더 강하게 다가오는 순간을 경험하기도 한다. 자기 전에 누워서 한 편씩만 봐도 엄청 도움이 된다. 텔레비전은 내가 원하시 않는 것들도 무작위로 보여주고 또 의식하지 못한 채 수동적으로 영상을 접하게 만든다. 하지만 유튜브는 내가 선택하는 것이기에 텔레비전 영상과는 의미도 느낌도 다르다.

더 여유가 있고 정신 무장이 되어있다면 아침 모임을 추천하고 싶다. 내 경우에는 매주 토요일 아침 일곱 시부터 아홉 시까지 각계각층 저자들의 강의를 들을 수 있는 '토요모닝특강' 프로그램에 참여한다. 비용도 만 원이면 된다. 새벽을 헤치고 나온 사람들이 내뿜는 열정의 기운만 받아도 든든하고 큰 도움을 얻는다.

여기에 또 하나의 장점까지 있다. 아침 모임은 책이나 유튜브강의에서는 절대 가능하지 않은 인맥교류를 경험할 수 있다. 새벽에 공부하러 나오는 열정적인 사람이라면 어느 정도 검증이 됐다고 볼 수 있기에, 누구를 만나도 기본은 갖추고 있다는 걸 알 수 있다. 당신도 성공해 언젠가는 자기 분야의 책을 써보고 싶다는 동기부여도 강하게 들 것이다.

책을 쓰겠다고 마음먹은 사람은 절대 망하지 않는다. 그러니 책을 읽고 기본기를 다지는 동시에 유튜브강의로 굳히고, 조찬 모임을 통해 이루고 싶은 꿈도 그려보자.

공부하는 식당이 살아남는다

이 책을 읽는 내내 당신은 이렇게 물을지 모른다.

'왜 성공 얘기는 안 하고 맨날 살아남는다는, 약간은 소극적인 얘기만 하는가.'

그렇게 생각할 수도 있겠지만 좀 더 면밀하게 들여다보자. 일단, 살아남아야 성공을 얘기할 수 있다. 나는 여타의 신기루 같은 성공 일화로 일관하기보다 현실적인 방식들을 제시하고 공유하고 싶었다.

현재 나는 완전한 성공이라 하기에는 작은 규모의 가게를 운영한다. 하지만 일단 17년째 죽지 않고 운영하고 있으니 분명 살아남은 것은 증명된 셈이다. 그렇다면 과연 어떤 공부를 해야 할까. 그것은 바로 '자기계발'이다. 학교 다닐 때도 잘 안 읽고, 직장 다니면 더 안 보는 게 책이다. 이러니 자기계발이 잘 될 수가 없다. 그동안의 공부는 단지 좋은 대학을 가고 좋은 직장을 얻기 위한 하나의 방법이었을 뿐이다.

식당을 차렸으면 현실적인 자기 사업, 장사를 위한 진정한 공부가 시작되어야 한다. 앞에서도 했던 같은 말을 또 반복하는 것 같겠지만, 아무리 강조해도 부족하다는 게 내 생각이다. 경제적, 시간적 여유가 없다면 일단 책이라도 읽어야 한다. 제일 저렴하면서도 가격대비 효과가 좋은 방법이다.

서점에 가서 식당으로 성공한 사람들의 자서전이나 관련 책들을, 그리고 우선 쉬운 책부터 접근해보자. 내 마음을 쿵쿵 울리고 심장을 뛰게 하는 펌프 같은 책들이 분명히 있다. 경영, 세무, 노무 이런 어려운 책은 나도 안 쳐다본다.

식당 운영 초기에는 무엇보다 나도 저 사람처럼 되고 싶다, 나도 저 사장처럼 할 수 있다는 동기부여가 중요하다. 이것은 일명 '멘탈 업' 과정 중 하나라 할 수 있다. 한 마디로 약발이 좀 들어가서 정신 무장이 되어야만 현실을 견뎌낼 수 있다는 말이다. 그래야 스트레스를 에너지로 전환하는 힘이 생긴다. 우리 예상보다 책에는 더 많은 세계가 들어있다. 다른 사람의 역사를 엿보고 위안을 받거나 저 사람도 저렇게 돈 한 푼 없이 어렵게 시작했구나, 저런 어려움이 있었구나, 고개를 끄덕이게 하는 공감도 얻을 수 있다. 인생의 선배를 만나 그의 살아온 얘기를 듣는다 생각하고 조용히 천천히 음미하며 읽어 내려가면 된다.

또 하나는 메모를 활용하는 것이다. 인간의 기억은 한정적이기에 때로 오류를 일으킨다. 기억을 유지하는 가장 좋은 방법은 바로 메모를 해두는 것이다. 단순히 책을 읽는 것으로 끝내지 말고 작은 수첩이나 그 책에 적으면 된다. 중요한 정보뿐만 아니라 나는 무엇을 보았고 무엇을 깨달았는지 또 무엇을 내 가게에 적용시킬지도 메모한다.

가게 규모나 메뉴, 상권, 지역적인 특성을 고려해 잘 적용하면 된다. 성공하는 사람들의 곁을 유심히 살펴보자. 책을 읽지 않고 성공의 길을 걷는 사람은 거의 없다. 일단 책부터 시작하면 점차 자기만의 방식들이 생긴다. 나와 맞는 책을 가까이 두고 지내면 많은 도움이 된다. 나는《육일약국 갑시다》나《세상을 이기는 힘, 들이대 DID》같은 책을 멘토로 삼으며 여러 번 읽었다. 어떤 경영학에서도 가르쳐주지 않는, 살아있는 현장의 지혜들이 들어있기 때문이다.

어려움과 어려움 사이에는 지혜와 열정이 징검다리 역할을 한다. 외부적인 어려움은 어디에나 늘 존재하고 눈앞으로 끊임없이 다가온다. 정신이 열정과 지혜로 무장된 식당 사장은 그런 난관들 앞에서 쉽게 무릎 꿇지 않는다.

상대를 알고 걸어라

자영업자들의 폐업이 속출하고 있다는 뉴스가 연일 보도되고 있다.

그 중 식당 폐업이 가장 많다. 아이러니하게도 창업도 식당이 가장 많다고 한다. 20대는 커피숍 차린다고 난리고, 30대는 프랜차이즈에 목숨을 건다. 40대는 더이상 직장에서 희망을 찾지 못해 식당을 기웃대고, 50대는 집에서 해먹던 손맛만 믿고 식당을 차린다.

식당을 차리는 이유도 제각각, 준비도 제각각이다. 그러나 한 가지 공통점이 있다. 거의 빚을 낸다는 것이다. 힘들어서 식당 차리는

데 여유 현금이 얼마나 있겠는가. 그러니 다들 빚이다.

누구보다 안타까운 연령대는 50대 명예퇴직자들로, 이들은 내부분 '퇴직금+대출금=식당 창업'이라는 케이스에 속해 있다. 그들은 실패하면 재기하기 힘든 연령대다. 육체적인 노동을 거의 안 하다 밑바닥 잡일부터 접해야 하는데 우선 체력적으로 힘들다. 자녀들은 자기분야 일이 있기에, 그리고 동참하자고 하기엔 위험성이 커서 주로 관망하는 입장일 수밖에 없다. 게다가 갑자기 온종일 부부가 한 공간에서 함께 있다 보니 직장생활 때보다 더 자주 부딪치고 의견충돌이 일어난다.

고용하는 직원들은 또 어떤가. 직원뿐만 아니라 하루 일당의 아주머니들까지 수시로 말썽을 일으킨다. 레시피를 알려주면 어느새 본인 편한 방식으로 바뀌어 있다. 가장 바쁠 때 말없이 결근하는 경우도 있다. 이 직원은 저 직원 때문에 못 하겠다 하고, 저 직원은 이 직원 때문에 가게를 그만둔다. 식당에 고용되는 직원은 꿈과 목적을 품고 입사하는 기업직원들과 달리, 먹고 살기 위해 일하러온 사람들이 태반이다. 멀리 중국조선족동포들, 살림만 하다 생활전선에 뛰어든 주부들, 식당 사장하다 직원으로 온 사람 등 연유도 다양하다. 엎치락뒤치락 각자의 힘겨움을 안고 모여 있는 미꾸라지 떼 같기만 하다.

이 미꾸라지 떼를 맨손으로 잡아 저쪽 수조로 옮기는 작업이 직원

관리라 할 수 있다. 손님이 너무 없다 싶으면 대출금이자와 월세 생각에 피가 마른다. 밥을 먹어도 목에 걸리고 억지로 넘기면 소화불량으로 직행이다. 손님이 갑자기 많이 와도 대처 능력이 떨어지는 상황이면 반갑지만은 않다. 손님들이 짜증내기 시작하면 당황한 직원들 힘들까봐 눈치 봐야 한다. 하루 이틀 반짝 바쁜 날 때문에 고정비용을 들일 수 없어 사장들이 두 몫 세 몫 할 수 밖에 없다. 이렇듯 엔터테이너의 역량을 요구하는 영역이 식당경영이다. 식당이나 차려볼까, 하는 쉬운 생각은 절대 금물이다.

'프랜차이즈식당'도 경험 많고 노련한 사장들의 본인 능력과 프랜차이즈시스템이 만나 조화를 이룰 때 성공한다. 시스템 사이사이의 길목에 성공의 요소를 기가 막히게 끼워 넣을 수 있다면 문제없지만, 시스템 자체가 성공을 보장하지 않으니 이런 점을 유의해야 한다. 오히려 본사시스템이나 브랜드만 믿고 안일하게 사장놀이에 빠질 수 있는 위험이 도사리고 있다.

직장생활이 짜증나고 힘들고 희망이 없어 식당 차렸는데, 똑같은 일이 상황과 사람들만 바뀌며 반복된다. 식당 창업은 도피처가 될 수 없다. 동네 구멍가게에서 과자를 고르는 일이 아니다. 나이 먹은 부부가 한 공간에 앉아 뒤늦은 신혼놀이를 하는 곳도 아니다. 먼저 당신의 상대를 알고 발걸음을 떼야 한다. 아무리 깜깜한 밤길이라도 알고 걷는 것과 모르고 걷는 것의 차이는 확연하다. 상대를 파악하고 살아남으려면 힘들어도 공부해야 한다. 직원 한 명 인건비 아낀다고 머리박고 땅만 파지 말고 공부하면 최소한 실패하지는 않는다. 지금 잘나가는 식당들은 다 살아남았기에 미래를 얘기하는 것이다. 강의를 듣고 책을 읽으며 공부하는 것만이 나를 살리고 가게를 살린다.

05

일단 일어나서
길을 만들어라

솔바람 속에서 꽃이 핀다

'솔바람'을 알아야 아이디어의 꽃이 피고 본격적인 창의적 발상이 시작된다.

   치열한 생존의 현장에서 솔바람이라니, 균형이 안 맞는 얘기처럼 느껴질 것이다. 나도 처음에는 다르지 않았다. 열심히 산다는 것, 특히 식당일에서의 '열심'은 일반적인 의미보다 더 많은 것들을 담고 있다.

새벽에 가까운 아침에 일어나고, 다시 새벽에 가까운 시각에 퇴근하는 일이 일단 기본이다. 24시간 시곗바늘의 조짐이 온통 식당에 맞춰진다. 이는 식당 개업 초기에 꼭 필요한 기간이며 겪어야 할 숙제 같은 과정이다. 그러나 그 시간이 성공을 보장하는 것도 아니다. 돌아보면, 단지 조급함에서 오는 집착 같은 것이 아니었을까 싶다.

식당 운영이 조금 안정을 찾아가는 시기라면, 그 안에서 벗어나 다양한 경험과 사람들을 만나봐야 한다. 그들의 위기 극복 사례를 경험하고 제2의 신메뉴나 콘셉트를 찾는 것에 힘을 쏟아야 한다. 주방에만 있으면, 카운터만 계속 지키면, 절대 솔바람 같은 건 불지 않는다.

나는 4년 전부터 북경연수를 시작으로 일본, 홍콩, 마카오, 싱가포르 등 다양한 나라의 연수에 참여했다. 그곳에서 만난 인연들 속에서 사업적인 모든 것을 배웠다 해도 과언이 아니다.

각 대학의 외식산업 고위자 과정도 수료했으며, 다양한 맛 기행과 동기들 간 소통으로 내가 운영하는 식당의 현주소를 스스로 진단하게 되었다. 그 모든 것을 바탕으로 식당 운영 방식의 수정과 보완, 그리고 더 나아가 발전방향으로 확대시키고 있다.

어떤 콘셉트의 제품(음식)이 탄생되어 소비자(손님)에게 도달하는 과정에는 많은 것들이 동반된다. 밤새 고민하고 관련서적도 봐야하며 일부러 시간을 내 세미나도 다녀야 한다. 그래야 무언가가 탄생한다. 어쩔 때는 해외연수 호텔방에 모여 수다 떨다가 또는 원우들끼리의 여행에서, 집에서 책보다가 기가 막힌 결정적 아이디어를 얻기도 한다.

무언가를 탄생시키기 위한 아이디어는 새벽별보며 출근한다고, 카운터에서 손님 없다고 기죽고 인상 쓰고 있다고 해서 생성되는 것이 아니다. 새로운 관점도 핍진한 마음에서는 절대 솟지 않는다. 그것들은 내 마음이 좋아하고 기뻐하고 편안할 때 솔바람을 타고 들어온다. 솔솔, 머리가 아닌 가슴으로. 머리를 쓰면 원가 계산을 하지만 마음을 열면 고객 가치가 보인다.

모험은, 위험하지 않다

사람들은 이렇게 말한다.

"모험은 위험해. 그러니까 되도록 움직이지 마."

맞는 말이다. 모험을 하는 것, 낯선 것들을 마주하는 일은 불온하고 위험하다. 그게 겁나고 두려워 움직이지 않으니 당신은 안전하다고 여길 것이다. 그러나 내 생각은 다르다. 당신은 안전하지 않다. 불황의 안개가 당신의 공간으로 스며들고 있는데도 미처 알아차리지 못할 뿐이다.

'하늘이 그 사람에게 큰 사명을 내리려 할 때는 반드시 먼저 그의 마음과 뜻을 흔들어 괴롭히고 뼈마디가 꺾이는 고통을 당하게 한다. 그의 생활을 궁핍하게 하며 하는 일마다 어지럽게 하나니. 이는 그의 타고난 작고 못난 성품을 두들겨 참을성을 길러주어 지금까지 할 수 없었던 일도 능히 할 수 있게 하기 위함이다.' _맹자

면역력은 아무것도 없는 상태에서 생기지 않는다. 아파야 성숙한다는 말처럼, 어딘가가 꺾이고 아프고 나서야 비로소 면역체계가 발동하게 된다. 다시 그 질병이 몸으로 침투했을 때 지난 경험으로 생성된 면역세포가 적극적으로 방어하며 물리친다.

당신이 움직여 무언가를 시도하고 모험을 경험한다면, 당신 몸과 마음에는 면역체계가 생기게 된다. 모험에서 비롯된 경험이라는 것은 그래서 중요하다. 만약 당신에게 어떤 일이 일어난다 해도 그것은 다음에 닥쳐올 더 큰 위기를 방어할 수 있는 방어막이 생기는 계기라고 생각하면 된다.

내 주위에서는 수없이 경보음이 울린다. 그 경보음들이 내 주변을, 내가 걸어온 길을 돌아보게 한다. 경보음은 더 크게 다치는 것을 막아주기 위해, 더 많은 돈을 잃지 않기 위해, 더 눈이 멀고 귀가 멀기 전에 그만 멈춰서게 하는 어떤 신호와도 같은 것이다. 그렇다고 멈춰야 할까? 위험하니 더 이상 움직이지 말아야 할까?

책을 내고 강의를 하려고 마음을 먹자, 갑자기 직원들이 흐트러지

고 내 뒤에서 다른 마음을 먹는다. 사업적인 문제가 느닷없이 튀어나오기도 한다. 너 이래도 할 수 있겠어? 이런데도? 하던 식당이나 잘 운영하는 게 안전하지 않아? 경보음이 쩌렁쩌렁 울린다.

살아오는 동안 언제나 그랬다. 친정식구들과 내 생애 최초로 제주 여행을 계획할 때도, 공부한다고 어디 등록할 때도 꼭 직원이 그만두고 사건이 생기고 문제가 발생했다. 그러면 그렇지. 이번에도 어김없이 똑같네. 그때마다 절망스러운 마음이 내 안으로 스며들었다.

돌아보니 늘 도약의 시기에 나쁜 기운들이 나를 둘러쌌다. 눈을 어둡게 하고 귀를 어둡게 해 앞으로 나아가지 못하게 했다. 그럼에도 나는 움직였다. 어떤 일이 있어도 마음먹은 것은 밀고 나갔고 헤쳐 나갔다. 나를 힘들게 했던 나쁜 기운들에 무릎을 꿇으면 평생의 두려움이 되었고, 반대로 굴하지 않고 이겨내면 내가 가진 실력과 능력이 되었다.

경보음이 울리는 삶의 태클은 누구에게나 일어난다. 당신에게도 마찬가지일 것이다. 당신이 지금 어떤 계획을 세우고 있는데 벌써 태클이 시작되었다면, 그건 잘 가고 있다는 증거다. 어떤 일이 일사천리 진행되거나 해결되면 다들 운이 좋았다고 말한다. 그러나 그렇게 되기까지 당신은 쓰디쓴 어려움들을 수없이 삼켜야했을 것이다.

그 과정에서 삼켰던 고통들은 하나의 결과물이 되어 이제 당신만의 스토리로 재탄생한다. 그럴 때 스토리의 색은 다채롭게 빛난다.

많은 사람들로부터 존경받고 때때로 도전도 받겠지만 두려워할 것 없다. 당신의 스토리가 분명 누군가에게는 용기가 되고 위안을 줄 수 있다.

지금 이 시각에도 나만의 스토리는 진행형이다. 이 스토리가 활자화되면 책이 되고 말로 하면 강연이 된다. 누구에게는 하나의 스토리가 직업이 되어 돈을 벌어 주기도 하고 명예도 줄 것이다. 잘 분류해 컨텐츠화되면 교육용 커리큘럼으로 활용할 수도 있다.

하늘에서 내리는 비는 세상 누구에게나 동일한 양으로 내린다. 비는 위험하다며 몸을 웅크린 채 이리저리 피하고 불평만 할 것인가, 양동이를 만들어 그 빗물을 모아볼 것인가는 순전히 자신의 몫이다.

도전은 용기의 증거

나는 늘 도전하며 살아왔다. 안 되는 상황이지만, 될 만한 실낱같은 작은 희망만 있어도 어떻게든 살살 잡아당겨 커다란 고구마 줄기로 탄생시켰다. 얼마 전 들이대기라면 서로 일인자라고 우기는 지인 몇 명과 방송프로그램 패널로 출연했다. 편집에서 잘리는 사람이 밥을 사기로 했다.

나는 50명 이상 되는 패널들의 뜨거운 경쟁 속에서 살아남고 또 어떻게 하면 화면에 많이 잡힐까 싶어 일부러 리액션도 크게 했다. 다른 두 지인에게는 쉽게 인터뷰 기회가 왔다. 하지만 왠지 나는 안 될 것 같은 예감이 들었다.

아나운서의 클로징 멘트 찰나를 노렸다. 나는 객석에서 벌떡 일어나, 들이댔다. 어떻게 온 방송 출연 기회인데 그냥 보낼 수는 없지 않은가. 결국 해냈고, 며칠 후 안방에서 내 들이대기를 보며 그날이 생각나 크게 웃었다.

또한 얼마 전 '책 출간'이라는 생애최초 도전을 시작했다. 이 도전에서 그냥 자유롭게 글을 쓰는 것과 책을 위한 글쓰기가 천지차이라는 것을 알게 되었다. 책을 출간하려면 많은 것들을 다시 배우고 조율해야 하는 과정이 동반되어야 한다. 그것의 결과물이 현재 당신이 보고 있는 이 책이다. 내 경험들을 바탕으로 자유롭게 써내려갔던 글들이 책을 위한 글자들로, 문장으로 재탄생한 것이다.

나 자신도 알 수 없어 때때로 두려운 미래, 도전과 열정, 그리고 몰입으로 나만의 콘텐츠를 앞으로도 계속 만들어나갈 것이다. 로또를 사면 일주일이 설레고 목표를 정하면 일 년이 설레지만, 큰 꿈을 그리면 평생이 설렌다.

나는 내 인생의 모든 지점에서 열심히 들이대기를 해왔다. 작은 목표를 정하고 들이대고 연구하고 몰입하다보니 어느 날 착착 감겨오듯 목표들은 나와 한 몸이 되어있었다. 나는 희망과 도전의 증거이고 싶다. 나는 열정과 용기의 증거이고 싶다. 그리고 당신에게 자신감을 주는 원동력의 증거이고 싶다.

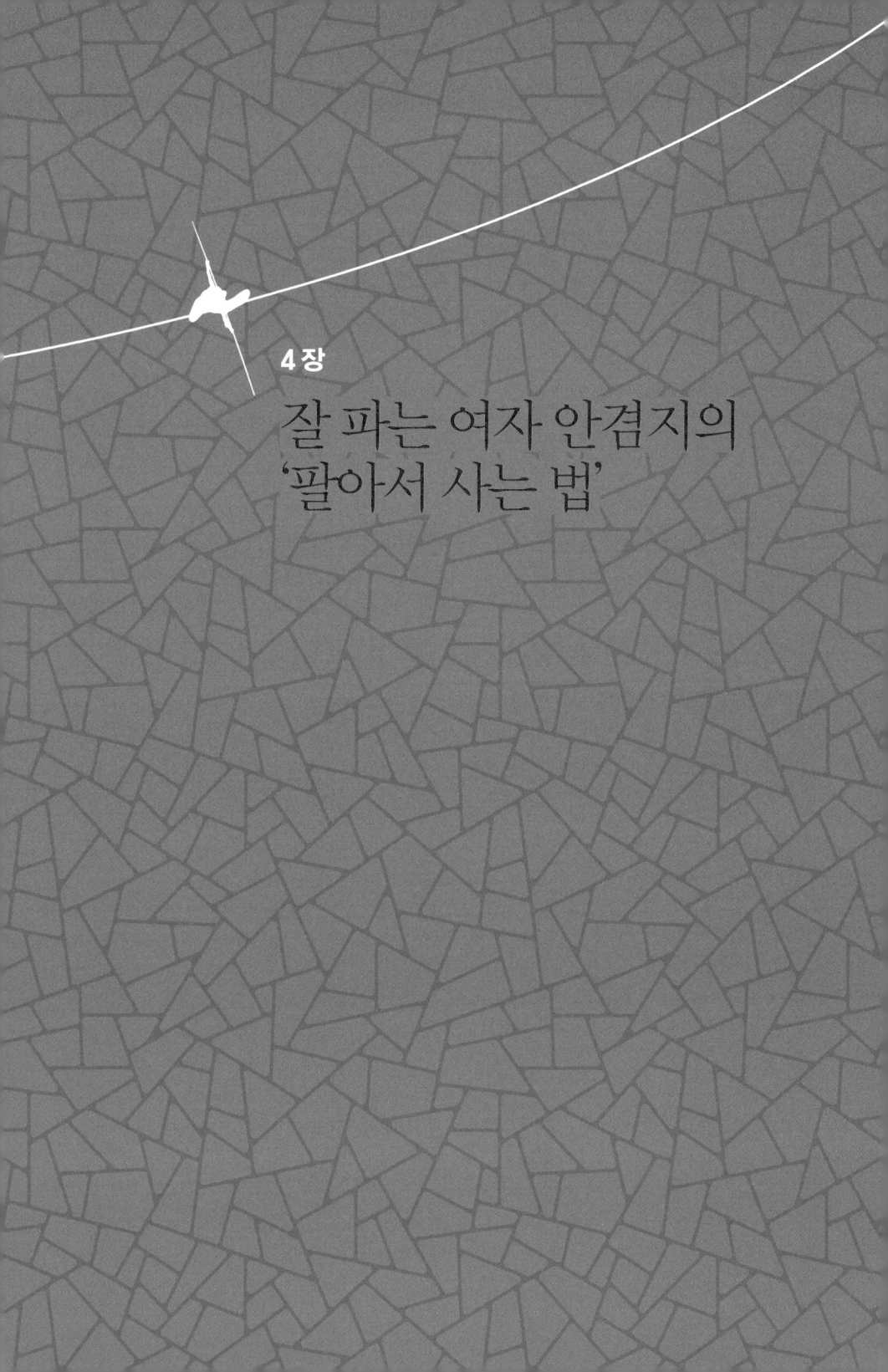

4장

잘 파는 여자 안경지의 '팔아서 사는 법'

01

0원으로 하는 컨설팅

0원의 전략

아마 이 공간은 내가 가진 모든 전략을 총괄해 들려주는 장소가 될 것 같다.

언젠가 나는 '0원으로 할 수 있는 컨설턴트가' 되겠다고 선언을 한 적이 있다.

나 또한 아무것도 모르고 마음의 여유가 없을 때는 외식업 컨설턴트들에게 여러 의뢰를 했다. 컨설턴트들의 프로필을 보면 금방 대박

나게 해줄 것 같았다. 그가 손만 대면 나도 금세 부자가 될 것도 같았다. 그런데 막상 컨설팅을 진행해보면 반대의 결론이 나는 경우가 많았다.

보통 월세 낼 돈도 없는 어려운 가게에 와서, 인테리어부터 그릇과 외관공사를 지적하며 자기 말만 믿고 이것저것 하라고 지시를 한다. 자기 말대로 하면 당장 몇 천만 원의 매출이 오를 거란다. 그의 말이 틀린 것은 아니다. 그러나 내가 직접 경험해보니 그게 말처럼 그렇게 쉽지 않다. 당장 돈이 없는데 벌어보지도 못한 상태에서 일단 계약금 조로 몇 백만 원이 오가야 한다. 이것저것 손을 조금 댔다 하면 몇 백에서 몇 천이 또 금세 들어간다. 돈이 조금이라도 여유 있다면야 괜찮겠지만 그렇지 않은 경우는 참 힘든 일일 수밖에 없다.

궁지에 몰린 생물이 더 용감한 법이다. 나는 돈 한 푼 들이지 않고 서서히 매출을 올리는 방법을 생각해 보기로 했다. 그리고 조금씩 나만의 컨설팅방식으로 노력해나갔다.

하나. 일단, '인사'를 잘해야 한다.

사장의 인사로 가게 구석구석이 채워져야 한다. 그런 가게는 직원들도 인사를 멋지게 잘한다. 음식은 맛있는데 인사성이 결여되고 분위기가 차가워 가고 싶지 않은 가게도 많다. 신기하게도 주인이 차갑게 전화를 받거나 인상 쓰며 인사하면 직원들도 똑같이 따라 한다. 직원의 표정이 곧 가게 사장의 표정이라는 말이 있다. 그만큼 사장의 인사하는 태도나 표정이 매우 중요하다.

둘. 누구나 할 수 있는 '언어의 스킨십'이다.

손님이 아무리 음식을 맛있게 먹었어도 정자세로 인사만 말끔하게 잘하는 건 매력 없다. 마네킹처럼 매뉴얼대로 기본만 실행한다면 손님들은 그 가게를 금방 잊는다. 거기가 거기라고, 골목에 즐비한 여타의 가게들과 다를 바 없기 때문이다.

나는 입구에서 손님이 들어올 때 날씨나 상황에 따라, 사람에 따라 인사법을 달리한다. "어머, 이렇게 더운데 걸어오셨어요?", "애기가 많이 컸네요.", "어디 이사 가셨나요? 요새 통 안 보이시더라고요.", 이런 식으로 말을 건넨다. 조금 아는 손님들께는 평소의 안부를 묻고, 처음 본 손님이어도 편안한 대화로 이끌며 알은척을 한다. 그러면 손님은 더 마음의 문을 열며 우리 가게를 친절하고 좋은 가게로 기억한다. 계산하러 카운터에 왔을 때도 "얼마입니다!"하고 돈 받는 것에 집중할 것이 아니다. 뭔가 인상적인 말 한 마디라도 건네고 눈을 맞춤으로써 우리 가게만의 이미지를 심어주어야 하는 것이다. 이렇게 손님들과 소통하려 신경 쓰는 일은 곧 매출상승으로 이어진다.

셋. 음식의 '담음새'를 소홀히 하지 않는다.

참 맛있는데 그릇이나 담음새를 신경 못 써서 음식의 가치가 떨어져 보일 수 있다. 심지어 맛없어 보이기까지 한다. 예쁜 그릇이나 장식을 조금만 바꿔도 결과가 확연히 달라진다. 마치 여자들의 화장술처럼 음식이 풍기는 분위기나 품위가 다르게 보이는 것이다.

우리 가게에서는 '죽 그릇'을 예로 들 수 있다. 일반적인 횟집에서는 바쁘니까 미리 쑤어놓은 죽을 떠 제공하는 게 보통이다. 우리 가게는 돌솥에 방금 푹푹 끓여낸 것을 기포가 보글보글 올라올 때 손님상에 내놓는다. 같은 죽이지만 돌솥 안에서 보글거리며 끓는 것을 손님들이 눈으로 보고 귀로 듣게 하는 것만으로도 많은 점수를 얻는다.

넷. '먹는 방식'이다.

상추나 깻잎 등 야채에 싸서 회를 먹는 게 일반적이다. 우리 가게는 '곱창김'에 갖은 '해초'를 올리고 초장이나 간장 대신 '전어젓갈'을 곁들여낸다. 회에 김과 해초 그리고 전어젓갈을 접목시킨 아이템이다. 여타의 다른 횟집과 먹는 방식을 달리한 것으로, 이는 우리 가게만의 차별화로 인식되고 있다.

이처럼 내가 생각하는 '0원으로 하는 컨설팅'은 식당의 모든 것들을 현재 그대로 두고 적용할 수 있는 요소로 이루어진다. 인원, 인테리어, 음식은 그대로 둔 채 당장 바꿀 수 있는 작은 것들부터 하나하나 실천할 수 있다. 이 컨설팅은 가게의 문제와 원인을 외부적인 것이 아닌 내부에서 찾는 방식이다. 이는 운영체계를 외부에 의지하지 않고 가게 자체가 자생력을 갖출 수 있도록 돕는 것이다.

식당성공의 길은 멀리 있지 않다. 지금 당장 거울을 보며 내 얼굴 표정을 살피는 일부터 해보자. 목소리를 가다듬어 전화도 받고, 밝고 명랑하게 인사하는 변화만으로도 분명 매출을 상승시킬 수 있다.

손님으로부터 배우자

0원으로 하는 외식업컨설팅의 제1원칙은 '손님으로부터 배우자'이다.

나는 손님들이 식사 후 상을 쭉 훑어보며 무엇을 남겼는지 살핀다. 두 명인데 '알밥'이 많이 남았다면 그릇에 너무 많이 담겼기 때문이다. 곁들이 음식을 추가 주문했을 때 너무 많이 가져다주어 고스란히 남기는 경우도 빈번하다.

생각 없이 그냥 치우는 것과, 생각을 하고 치우는 사람은 결과에서 확연한 차이를 보인다. 밑반찬을 많이 남겼을 때 양이 많아 그런 것인지 맛이 없어서인지, 아니면 매운 음식으로 식사를 했는데 또 매운 반찬이 나와서인지 살피며 쉬지 않고 연구해야 한다.

식사가 끝난 밥상만 잘 살펴도 많은 아이디어와 답을 찾는다. 손님들은 전국 여기저기를 많이 돌아다니며 식사를 한다. 각종 모임도 수없이 참여하기 때문에 그 식당주인보다 더 많은 것을 알거나 맛봤을 확률이 높다. 맛에 대해 사람들은 쉽게 속지 않으며 지갑을 여는 일에는 더더욱 냉정한 잣대를 적용한다. 이 정도면 되겠지 하는 안

일한 마음은 결국 안일한 결과를 낳는다. 연구에 연구를 더해야 하는 이유가 바로 여기에 있다. 최선을 다하는 자세로 임한다면 결국 맛은 배반하지 않는다.

손님 중 하나가 "보리굴비는 고추장을 줘야지"하면 나는 '고추장에 찍어먹으면 더 맛있구나'를 생각한다. "보리굴비는 쪄서 오븐에 살짝 구워야지"하면 바로 또 실험에 들어간다. 손님들이 원하는데 못 해줄 것은 없다. 나 스스로 연구하고 맛을 개척해나가야 하는데 꼭 필요한 '팁(tip)'까지 알려주니 감사한 일이라 생각해야 한다.

가끔 내가 앞치마 두르고 상을 치우다보면, 손님들은 직원인줄 알고 편하게 말을 주고받는다. 이 가게는 뭐가 좋아, 혹은 뭐가 좀 그렇다 등등의 평가를 들을 수 있는 기회인 것이다. 그럴 때는 귀담아 들었다가 즉시 문제점을 고치려 노력한다.

사장이 직접 뛰어야하는 소규모 식당들은 이런 손님들의 소리에 귀를 바짝 기울여야 한다. 그것들을 해석하고 통합해 내 가게의 밥상에 적용하다보면 자연스럽게 차별화가 생긴다. 손님들이 좋아하는 반찬이나 음식들을 계속 개발하고 업그레이드해서 더 좋게 제공하면 되는 일이다. 손님들이 최고의 컨설턴트들임을 항상 기억해야 한다.

손님도 질투를 한다

손님들의 질투를 잘 다스리지 못하면 매출에 큰 지장이 있다는 사실을 나는 경험으로 알게 되었다. 단골손님을 뺏기거나 신규손님을 단골로 연결시키지 못했다면 필시 질투 관리를 잘하지 못해서일 확률이 높다.

일반적인 소규모식당들은 룸보다는 넓은 홀 구조가 대부분이다. 이런 구조라면 정말 조심해야 한다. 아무리 음료수라도 더 챙겨주고 싶은 단골손님이어도 겉으로 표시 나게 행동해서는 안 된다. 테이블이 붙어 있어서 거의 말없이 놓고 나와야 하는 상황이 생기기도 한다. 눈치 없이 "사장님이 서비스로 드리래요" 했다가는 옆의 테이블이 항의해오기 십상이다. 누구는 예뻐하고 누구는 맹물인가, 나도 단골인데, 하고 생각할 수밖에 없는 상황이다.

단골손님을 꼭 챙기고 싶은 마음이라면 차라리 카운터에 계산하러 왔을 때 조용히 값을 빼주는 것이 좋다. 밥상에서 챙겨주고 싶은 단골손님들이면 직원들이 거의 복화술로 "사장님이 소주 서비스로 드리래요."하고 조용히 놓고 온다. 눈치 빠른 손님들은 눈인사로 감사표시를 한다. 눈치 없는 손님들은 큰소리로 "사장님 소주 잘 마실게요."하고 말해 도로 아미타불이 되는 경우도 있다. 이런 변수를 고려해 손님들의 성향을 잘 파악해두어야 한다. 이렇게까지 해야 하나 생각할 수 있다. 그러나 가게가 평온하려면 이 정도 센스는 갖춰야 한다.

한번은 서울에서 시인 가족들이 왔다. 가까운 사이라 나도 같이 앉아 사진도 찍고 음식설명도 조금 더 오버해서 했다. 그랬더니 옆 테이블에서 코스음식이 끊겼는데 그것도 모르고 뭐하느냐는 항의가 들어왔다. 테이블에 아직 음식이 남아있는데도 항의는 계속 이어졌다. 그러더니 이런 가게에 다시는 안 올 거라며 인터넷에 올린다는 말까지 서슴없이 했다. 음식에서 이물질이 나온 것도 아니고, 죄송하다고 바로 음식이 나올 수 있도록 조치를 취하겠다고 했는데도 그 손님의 화를 가라앉히지 못했다. 이것은 손님의 질투가 극에 달해 표출되는 하나의 예라 할 수 있다.

손님들의 질투는 또 있다.

이는 옷차림이나 장신구를 대상으로 한다. 주인, 특히 여주인일 경우 손님들이 유심히 보며 관찰하기도 한다. 여주인이 튀는 액세서리나 명품가방 등 조금 사치를 부린다 싶어도 손님은 오지 않는다. '내가 열심히 밥 사먹어 주니 네가 이렇게 호사를 누린다'는 심리 때문이다. 남자 사장일 경우 자동차나 오토바이 등 고가의 무언가를 하고 다닐 때 이와 같은 질투의 느낌을 받게 된다. '내 돈으로 호사를 누린다'는 마음이 들어 손님이 발길을 끊기도 한다.

동네의 조그마한 가게를 운영하는 사람들은 조심할 것이 많다. 남자를 향한 여자의 질투는 오뉴월에 서리를 내리게 한다지만, 손님들의 질투는 가게를 망하게 한다. 가게에 고용된 직원은 일차적인 내부직원이지만, 손님은 이차적인 외부직원이기 때문이다.

    나는 차에 신발이나 옷을 가지고 다니는 편이다. 모임이나 강의를 듣느라 의복을 갖추어야 할 때 꼭 중간에 차를 세우고 갈아입는다. 내 의도와 상관없이, 바라보는 시선에서 오해를 불러일으킬 만한 행동은 자제해야 한다. 그래서 손님들에게 말끔하게 차려입고 나가는 모습을 되도록 보여주지 않는다. 내가 운영하는 식당에 조그마한 문제가 발생해도, 사장이 만날 나다니니까 그런 거라고 생각할 수 있기 때문이다.

02

100만 원의 법칙

씨감자를 남겨놓는 마음으로

'씨감자'나 '씨암탉'이라는 단어는 어디에서 비롯된 것일까.

이는 다음 농사를 위해 먹고 싶어도 참고 아껴놓는 것들을 의미한다. 나는 사업을 하기 위한 '씨손님'이라는 개념도 필요하다고 본다. 다음의 재방문을 위해 손님에게 무언가를 하는 것, 그것이 바로 씨손님을 남겨 놓는 방법이다.

나는 아침에 출근할 때 오늘 받은 돈의 10퍼센트는 다시 손님에게 돌려 드리자는 마음을 갖는다. 이때의 10퍼센트는 가시적인 액면가를 말하는 게 아니다. 눈에 보이지는 않지만 분명 있는 것, 바로 비가시적인 마음의 여유를 뜻한다.

예를 들면 후식으로 커피를 제공하는 일일 것이다. 우리 가게는 여주 최초로 원두커피를 제공했는데, 이런 발상도 마음의 여유에서 나온 것이다. 식대만 받고 끝나는 게 아니라 뭔가를 다시 제공해주고 싶은 뜻에서 시작했다.

때때로 내 쪽이 아니라 손님이 이 10퍼센트의 여유를 발생시키기도 한다. 일테면 좀 과한 서비스를 요구하는 것이다. 어차피 소주 한 병 더 마실 거면서 계산을 먼저 하고 나머지 소주는 애매하게 서비스를 원하기도 한다. 대놓고 습관처럼 그러면 분명히 문제가 되니 깎아줘서는 안 된다. 그런 경우만 아니라면 10퍼센트 돌려드린다는 마음으로 대부분 서비스한다.

내가 생각하는 '십 퍼센트의 영역'은 무한하다.

그것은 때로 추가금액을 내고 먹어야 할 음식이 될 수도, 소주나 음료가 될 수도 있다. 어떤 경우에는 카운터 옆에 놓고 파는 물건이 될 때도 있다. 나는 무언가를 해줘야 하는 상황이고 또 그렇게 해주기로 마음먹었다면, 과감하게 내줘야 한다는 쪽에 서 있다. 결과는 각기 다르겠지만 10퍼센트를 다시 돌려준다 생각하면 기분 나쁘거나 아깝지 않다.

가게를 운영하는 입장이라면 이것은 중요한 비결이 될 수 있다.

실패하지 않고 오래 살아남을 수 있는 성공의 세계를 향한 계단인 씨손님을 만드는 일은 그리 어렵지 않다. 마음속에 10퍼센트의 영역을 구축하면 충분히 가능하다. 그렇게 마음먹으면 적극적으로 내 쪽에서 먼저 내어줄 수 있다. 당장 배고프고 욕심이 나 씨까지 말려가며 먹어치우면 다음해의 봄에 심을 씨앗이 없어 결국 굶어 죽는다. 그러니 씨감자를 남겨놓듯, 10퍼센트의 마음으로 씨손님을 많이 남겨놓아야 한다.

100만 원의 부메랑

사람의 심리는 장사가 잘 안 될 때 더 위축되기 마련이다.

나도 마찬가지다. 장사가 잘될 때는 하늘 높은 줄 모르다가, 어떤 이슈의 영향으로 매출이 확 꺾이면 심장이 두근두근 빨리 뛰고 스트레스로 말할 수 없이 예민해진다. 직원 한 명의 인건비라도 아껴보고자 나 혼자 이리 뛰고 저리 뛰어다니던 시간도 있었다.

그러다 엘림들깨수제비 김영록 대표로부터 '100만 원의 법칙'을 듣게 되었다.

"딱 100만 원만 더 원가를 써 봐요. 매출이 오르고 손님들도 정말 좋아할 겁니다."

그 말을 듣고 우리 가게 어디에 100만 원을 더 써볼까 고민하는 날

들이 이어졌다. 그리고 나도 드디어 100만 원의 법칙을 실행했다. 당시 유행하던 카페스타일로 가게 유리창을 선팅한 후, 손님이 직접 원두커피를 즉석에서 갈아 내려 마실 수 있는 시스템을 만들었다. 명색이 원두커피인데 천 원이라도 받고 파는 것이 좋지 않느냐는 우려의 목소리를 뒤로하고, 비싸든 싸든 식사비용에 차별을 두지 않고 무한 리필로 커피를 제공했다.

대낮에 땡볕의 거리를 청소하는 청소부 아저씨가 나타나면, 재빨리 얼음 가득 넣은 아이스커피를 아저씨에게 드린다. 청소부아저씨는 "매번 안 그러셔도 되는데…" 하면서도 그늘에 앉아 커피와 함께 잠시 휴식을 취한다. 택배기사가 땀을 뻘뻘 흘리며 무거운 식재료를 내려놓고 돌아서려는 순간도 놓치지 않는다. 바쁜 택배기사님을 위해 택배차가 보이면 바로 커피부터 내려 미리 만들어 놓는 센스도 발휘한다. 나는 청소부 아저씨, 택배기사, 집배원은 물론 순찰 도는 경찰 등 가리지 않고 보였다 하면 커피부터 권했다. 직원들도 이제는 나보다 더 빠르게 움직여 커피를 대접한다. 특히 힘든 점심장사를 끝내고 이야기꽃을 피우며 밥을 먹다가도 청소부 아저씨가 나타났다하면 후다닥 일어나 커피부터 챙긴다. 손님들도 포장하러 왔다가 커피는 꼭 챙겨간다. 커피서비스를 실행하느라 이 작은 가게에서 컵이랑 빨대, 홀더, 원두커피 등 부대비용으로 많게는 130만 원 정도가 들어갔다.

얼핏 손해 보는 짓이 아닌가 생각하는 사람도 있을지 모른다. 하지만 어느 날 무언가가 돌아오기 시작했다. 고급원두커피를 준다고 소문이 나 주부들은 커피숍에 가지 않고 우리 가게에서 식사 후 커피를 마신다. 좋은 소문은 더디게 퍼지지만, 시간이 흐를수록 단단하게 단련된다. 입소문은 꼬리에 꼬리를 물고 퍼져나갔다. 커피 덕분에 매출은 더 상승했고 노력하는 가게라는 보너스 소문도 났다.

커피에서 힘을 얻은 나는 100만 원을 어디에 써볼까 또 고민하기 시작했다. 이번에는 그릇을 더 예쁜 것으로 바꾸면 어떨까 싶었다. 도자기가게에서 100만 원어치의 그릇을 사와 음식을 담아 나갔다. 손님들이 이번에는 그릇이 예쁘게 바뀌었다면서 정말 좋아했다. 우리 식당에는 외지손님들이 많이 오는데 새로 바꾼 도자기그릇을 볼 때마다 감탄했다. "역시 여주는 도자기의 고장이라 그릇도 이렇게 다 예쁜 도자기를 쓰나봐" 하는 소리를 들으면 마음이 뿌듯하고 흐뭇하다. '그래, 투자하길 잘했어. 손님이 만족하고 즐거우면 되는 거야' 하고 저절로 나 자신을 칭찬하게 된다. 음식이든 서비스든 지금보다 조금만 더 투자를 하면 손님들이 알아보고 그것은 매출로 이어진다. 매출이 상승하니 또 100만 원을 투자할 여력이 생긴다. 이는 경영의 선순환이 생기는 구조다. 어렵고 힘들 때일수록 딱 100만 원만 더 쓴다 생각하는 마인드가 필요하다.

당신이라면 그 100만 원을 어디에 쓰겠는가.

03

나는 이론보다 '감'을 믿는다

'감'이 경영학 이론보다 중요하다

현장에서 직접 뛰어본 내 입장에서는 '감'이 중요하다고 본다.

장사의 감은 그 누구도 훔쳐갈 수 없는, 노력한 자에게 주어진 선물이기 때문이다. 물론 이론이든 감이든 어느 것을 더 우위에 놓을 수는 없다. 다만 내가 말하는 중요성의 포인트는 현장에서 곧바로 적용할 수 있는가에 있다. 이론을 분석하고 현장에 대입하는 데에는 여러 제약이 따른다. 이론은 일종의 매뉴얼 같은 것으로, 예측할 수 없는 실시간 상황에 들어맞지 않으면 정작 쓸모없는 공식일 경우가 많다. 그러니 이론만 믿고 바로 덤벼든다면 필시 낭패를 보기 십상이다.

그렇다면 '장사의 감'은 언제 어떻게 생겨나는 것일까. 앞서 얘기했듯 나는 수시로 책을 읽고 강의도 들으러 다니는 편이다. 그러나 책이나 강의를 많이 접했다 해서 감이 바로 생기는 것은 아니다. '장사의 감'은 읽고 들은 것을 자기 안에서 소화시켜 현장에 접목하고 실행해 효과를 보았을 때 생긴다. 경험이 쌓일 때마다 하나하나 몸에 저절로 새겨지는 나이테 같은 것이다.

나는 책에서 읽은 중요한 내용이 있으면 우리 가게에 어떻게 적용할지 상황을 미리 그려본다. 현장 상황은 늘 유동적이고 모든 결과물에는 실패의 확률이 숨어 있기 마련이다. 이론을 자기 안에서 소화했다 해도 예측 상황들을 시뮬레이션으로 경험해봐야 하는 이유도 여기에 있다.

예를 들어 책에 이런 내용이 있다 치자.

'긍정적인 답을 얻고 싶으면 긍정적인 답이 나올 만한 질문을 해야 한다.'

일단 나는 이 문장을 여러 번 반복해 읽고 의미를 터득한다. 그리고 사례를 보며 가게에 적용하기 위해 마음속으로 미리 연습한다. 만약 내가 팔고자 하는 것이 13만 원짜린데 손님들은 10만 원짜리 음식을 주문하려 한다. 나라면 먼저 이렇게 운을 뗀다.

"손님, 오늘 무슨 좋은 날인가 봐요? 온 식구들이 다 모이신 것 같이요."

"네, 오늘은 제 남편 생일이에요."

이럴 때는 "회를 잘 못 먹는 아이들도 있고 하니 곁들임 음식이 좀 푸짐하게 나오는 것을 드시면 좋겠네요?" 하면 필시 그렇다는 대답이 돌아온다.

"그러면 아버님은 맛난 회를 드시고 자녀분들은 이것저것 다른 음식을 드실 수 있는 모둠회를 추천합니다."

이쯤 되면 거의 대부분 내가 추천한 메뉴를 선택한다. 이것이 바로 긍정적인 대답을 유도하는 질문의 힘이다. 나는 공부한 것을 이렇게 현장에 적용함으로써 이론과 현실이 진짜 맞아떨어지는지 실험도 하고 주문받는 실력도 키울 수 있었다.

감의 미묘한 차이가 성패를 가른다

소위 '장사의 감'이 없는 식당은 오는 손님만 기다리다 하루를 다 보낸다. 새로운 방식이나 차별화를 위한 시도를 해볼 생각도 감도 없는 것이다. 앞서 말했듯 장사의 감은 읽고 들은 것을 현장에 접목하고 실행해 효과를 보았을 때 얻을 수 있다. 시도가 없다면 감이라는 것도 생겨날 리 없다. 이를 극복하려면 최대한 많은 책을 읽고 강의를 들은 후, 거기에서 얻은 것을 잘 정리하고 소화해 현장에서 시도해야 한다.

나는 최고의 연구는 일단 써먹고 보는 것이라 생각한다.

신메뉴를 개발했으면 최대한 빨리 손님에게 내놓아 반응을 보고 수정과 보완, 또 수정과 보완을 반복한다. 이를 거치는 과정에서 제대로 된 메뉴가 나오는 것처럼 처음부터 완벽한 것은 없다는 걸 잊지 말아야 한다.

또 하나의 방법으로 심리학 관련 책을 읽으면 장사비법을 많이 터득할 수 있다. 심리학이라 해서 모두 전문상담사를 위한 전문가용만 있는 게 아니다. 일반 독자들도 가볍게 읽을 수 있는 심리학 책도 많다. 사람의 심리를 이용하는 게 아니라 활용하라는 것이다.

가까이 있을수록 하찮게 여겨지고 맛도 없어 보이는 게 사람 심리다. 멀리 있는 사랑이 더 간절하고 그리운 것처럼, 멀리 있는 식당은 왠지 기대를 품게 한다. 그래서 많은 사람들이 지도를 보거나 내비게이션을 켜고 어렵게 보물찾기하듯 소위 '맛집'을 찾아다닌다. 어렵게 찾은 가게의 음식이 더 맛있게 느껴지기 때문이다. 이는 본인의 선택이 맞는 거라 믿고 싶은 인간 본연의 욕망에서 비롯된다. 인터넷을 검색해 어렵게 찾아간 식당의 손님들은 40분이라도 기다려 음식을 먹는다. 그러나 동네에 있는 가까운 식당은 자리가 없으면 "내일 또 오지, 뭐" 하고 쉽게 발길을 돌린다. 손님의 발길을 잡으려면 뭔가 특별한 비책이 필요하다. 그 비책은 여러 각도에서 조망해야 한다. 이때의 과정에 적용되는 것이 바로 '장사의 감'이다.

현재 나는 장사의 감을 확실히 잡았다. 그것은 짧지 않은 기간 동안 여러 실험을 통해 얻은 수많은 실패와 성공이 만든 결과다. 부끄러움을 무릅쓰고 또 도전하고 도전해 습득한 노하우들이 '감'이라는 단어로 표현된다는 것을 나는 잘 알고 있다.

눈 맞춤의 감각

아침에 출근하면 가장 먼저 직원들의 눈을 보며 인사를 건넨다.

"언니, 안녕! 실장님, 안녕!" 인사하면서 눈 스킨십을 해보면 알 수 있다. 눈길을 피하거나 아예 안 마주치는 경우 백퍼센트 확신하건데 소통이 덜 되고 있다는 증거다. 눈을 똑바로 마주치지 않으려 한다는 것은 뭔가 숨기려는 심리를 나타내는 행동의 하나다. 이는 필시 해당 직원이 또 다른 생각을 하고 있는 것으로 파악해야 한다. 다른 가게로 이직을 고려하는 중일 수도 있고, 조직과 상사에 불만을 품어서일 수도 있다.

무언가를 잘못해서 그걸 숨기려, 혹은 회피하려면 먼저 시선을 피하게 된다. 감은 이럴 때에도 발동한다. 장사의 감은 가게의 전반적인 문제에 적용시킬 수 있는 감각적 영역이다. 눈을 피하는 직원이 생기면 나는 내 경험의 감으로 빨리 알아차리고 그 직원과 개인 면

담을 조용히 치른다. 해결할 수 있는 문제면 가능한 한 단순하고 명확하게 처리를 한다. 가령 월급이나 위치에 대한 불만, 아니면 일의 분담에 관한 것들일 경우가 많다. 사람의 감각 중 가장 큰 비중을 차지하는 게 바로 시선, 즉 눈의 감각이라 한다. 거의 80퍼센트를 차지한다 해도 과언이 아니라는 학설도 있다. 보이지 않는 세계는 분명 존재하고 사방에 산재해 있겠지만, 보이지 않으므로 모호하고 예측할 수 없다. 그 모호한 잣대로는 실시간 변화하는 장사의 상황을 가늠하는 것은 어려운 일이다. 그러니 장사에서만큼은 내 눈으로 보고 귀로 듣고 손으로 만지는 모든 감각만큼 정확한 것이 없다. 물론 이런 생각이 정답은 아니겠지만, 식당이라는 현장에서 살아가다 보니 거의 들어맞는 경우가 많았다.

눈이 그윽한 것만큼 축복이 또 있을까 싶다. 시선도 단련하는 것이다. 앞으로는 더 부드럽게, 더 빨려들게 하는 노력도 해야겠다. 눈의 힘을 빼고, 조금 더 내려놓고, 조금 더 낮추고, 지금보다 넓게 포용하는 눈 맞춤의 감으로.

안목, 그리고 정성의 경영

경영학을 전공한 사람들은 내가 말하는 감이니 안목이니 이런 단어를 싫어할지 모르겠다. 전문적인 가게운영은 정확한 원가분석과 데이터를 근거로 수학공식처럼 딱 떨어져야 하는 것이니 말이다.

아이러니한 것은 경영학을 잘 모르고 원가계산에도 서툰데 오히려 장사가 잘되는 경우도 많다는 점이다. 어찌 보면 이리저리 뒹굴리다보니 우연찮게 들어맞는 것이라 생각할 수도 있다. 그러나 내 생각은 다르다. 이는 우연에 기대기보다, 다년간의 실패와 좌절과 그럼에도 다시 시도하는 과정에서 '아, 이거였구나!', '이런 거였구나!' 하고 무릎을 치는 그런 순간들이 만들어진 것이다. 그때는 온몸에 짜릿한 전율이 인다. 그런 순간들이 쌓이고 쌓여 '감'과 '안목'이란 선물로 주어지는 게 아닐까. 귀가 있지만 못 알아듣고 눈이 있어도 못 알아보는 것, 까막눈이라는 게 어찌 그것만 뜻하겠는가. 지금 이 순간 당신도 감과 안목이 없으면 비즈니스의 까막눈이 된다. 그러니 잠시라도 방심하지 말고 호랑이 눈과 매의 눈으로 현황을 직시할 일이다.

프랜차이즈 교육이나 식당경영 강의를 들어보면 원가분석, 회전율, 순수익 이런 단어가 수없이 나온다. 그러나 여름날 택배기사, 청소부 아저씨에게 시원한 커피 한 잔 대접해 보내라 말해주는 곳은 어디에도 없다. 감과 안목을 바탕으로 한 정성의 경영에 관한, 어찌 보면 가장 현실적일 수 있는 내용들을 들려주는 곳도 찾아볼 수 없었다. '정성의 경영노하우'는 자신을 끊임없이 되돌아보고 감사해하며 겸손의 낮은 자세로 임하면 그때야 진액처럼 조금씩 솟아나오는 것이다. 나는 감과 안목이란 단어에는, 주먹구구라고 치부해버리기에는 너무 많은 삶의 지혜와 통찰이 들어있다고 생각한다. 때로는 그 가게만의 비밀이 되는 것처럼, 장사의 가업을 이을 자녀들에게만 조용히 들려주고 싶은 보물 같은 반짝거림이 분명 들어있다.

04

'언어의 스킨십'을 기억하라

단골손님 확보는 스킨십으로

누군가 나를 알아주고 칭찬해주고 관심 가져준다는 것은 그만큼 인정받고 대접받고 있다는 뜻이다. 일반적인 경우도 그럴진대 하물며 자신의 귀한 돈을 내고 오는 식당에서는 오죽하겠는가. 식당에서 대접을 바라는 손님들의 심리는 어린아이와 다를 바 없다고 보면 된다.

나는 어렸을 때부터 말을 많이 한다고 자주 혼이 났다. 여기저기 아무데나 다 낀다 해서 '단무지'라는 별명으로 불리기도 했다. 그렇게 말하기를 좋아하는 나로서도 일일이 손님을 응대하는 일이 힘에 부칠 때가 많다. 하루에도 몇 백 명씩 오가는 식당에서 한 분 한 분에게 각각 말을 걸고 칭찬하는 건 정말 쉽지 않다.

하지만 분명한 건 한번이라도 말을 섞은 상태에서 우리 가게를 나간 손님은 그렇지 않은 손님보다 단골이 될 확률이 높다는 사실이다. 0원의 컨설팅에서도 잠깐 설명했지만, 나는 이것을 '언어의 스킨십'이라 말한다.

2장에서 언급했던 '말 반찬'이나 '감성화법'과는 조금 다른 의미이다. 말 반찬이나 감성화법은 음식이 차려진 밥상 앞에서 구사하는 것이지만, 언어의 스킨십은 대부분 카운터를 주 무대로 활용한다.

모든 일이 그렇듯 언어의 스킨십이라는 것도 적절한 타이밍을 노려야 한다. 아무 때나 들이대기식으로 시도하는 건 언어의 스킨십이 아니라, 그냥 말이 많은 거다.

가장 좋은 타이밍은 식사 후 카운터에서 계산할 때다. 밥값을 얘기하고 손님이 건네준 카드를 긁고 카드용지 출력, 카드지에 사인, 영수증을 주고받고 하는 데 총 30초가 소요된다. 내게 30초라는 시간의 기회가 생기는 것이다. 나는 이 타이밍을 놓치지 않고 손님의 모습을 재빨리 스캔한다. 그중 칭찬할 만한 거리를 하나 찾아낸다. 손님의 가방이나 헤어스타일, 옷, 피부 등등 찾아보면 얘기거리는 얼마든지 있다. 스캔이 끝나면 언어의 스킨십이 시작된다. 몇 가지

예를 들자면 이렇다.

"이 가방은 어디서 사신 거예요? 따님이 사주셨나 봐요? 참 멋져요!"

"머리는 어디서 하셨어요? 참 세련되고 멋져요!"

"사인이 참 독특하고 멋지시네요."

"셔츠와 넥타이가 정말 잘 어울리세요. 안목이 높으시네요."

이렇듯 칭찬할 만한 것을 찾아내 카운터에서의 30초도 무의미하게 보내지 않는다. 타깃은 가방이나 액세서리, 피부나 헤어스타일 등 일단 눈에 띄는 소품을 주로 잡는다. 또한 어린 자녀가 있으면 아이를 칭찬하는 것이 가장 효과적이다. 서로 기분 좋음을 확인한 후라면 좀 더 말할 시간이 생긴다.

"먼 곳에서 오신 것 같은데 어디서 오셨나요?"

"오늘 무슨 좋은 날이신가 봐요? 가족분들이 다 모이신 것 같아요?"

이처럼 무난하고 여유롭게 대화를 이어가면 된다. 마지막 멘트는 당연히 "다음에 또 오세요"나 "자주 오세요" 등으로 마무리하면 된다. 알게 모르게 손님과 주인의 친밀한 관계가 형성이 된 셈이다. 단골이 될 확률이 높아졌고, 거의 단골이 됐다 말해도 무방하다.

완충언어를 써라

식당일을 하다보면 손님들이 여러 가지 불편한 문제로 항의를 해오는 일이 다반사다. 나도 사람인지라 이런 상황이 당황스럽고 또 극심한 스트레스가 될 때도 있다. 이와 반대로 손님들이 무언가를 부탁하는 상황도 있다. 가장 좋지 않은 대처법의 예를 들어보자.

"저기요, 여기 혹시 다대기 없나요?"

"없어요!!"

"아줌마, 혹시 계란찜 하나 안 될까요?"

"안 돼요!"

"혹시 라면 없나요?"

"없어요!"

이렇듯 식당에 준비되어 있지 않은 것을 손님들이 요구할 때, 단 한 번의 완충언어 없이 위의 예처럼 딱 잘라 거절하는 식당들이 많다. 맛 기행을 다니며 나도 몇 번 경험했다.

주인이나 직원이 손님의 요구를 단번에 자르면, 손님들은 엄청난 충격과 분노에 휩싸인다. 그렇다고 치사하게 그것 때문에 기분 나쁘다고 할 수는 없기에, 눈에 띄는 다른 것을 문제 삼는다.

"근데 아줌마, 이거 왜 이렇게 짜요?"

"상을 제대로 닦았나요? 지저분한 것 같고…."

이렇게 다른 대체물로 서운한 감정이나 불평을 표출한다. 아무 말이나 행동 없이 계산하고 나간 손님이라 해도 '다시는 이 집에 오나 봐라'라며 이를 갈 수도 있다. 모든 게 그렇듯 완충지대가 없으면 충격의 여파가 더 크게 가닿는 법이다. 이런 일이 한두 번 쌓이고 쌓이면 결국에는 거대한 눈덩이가 되어 돌아온다.

그렇다면 너무 정신없이 바쁘거나 진짜 식재료가 없어 못해줄 수도 있는데 그럴 때는 어떻게 해야 하는 걸까. 이때는 도움을 주려 했는데 잘 안 돼서 참 안타깝다는 마음을 충분히 전달해야 한다. 전달의 과정에 완충언어를 버무리는 것이다.

일단 손님의 요구사항에 즉석에서 단답형으로 거절하면 절대 안 된다. 주방으로 가서 한 번 알아보겠다든지, 찾아보겠다든지 최대한 성의를 보이는 자세가 필요하다. 그런 다음 어떤 이유와 무엇 때문에, 왜 안 되는지를 설명해주면 된다. 이때 상황에 맞는 완충언어를 적절하게 함께 쓴다.

"아이고, 어떡해요. 제가 계란찜을 해드리려 했는데 오늘 계란이 똑 떨어졌네요."

"그럼, 이런 거라도 어떻겠습니까?"

이렇게 뭔가 다른 차선의 대안을 제시해주면 상황은 대부분 무난하게 넘어간다. 응대를 잘하고, 완충언어를 잘 버무린 덕분에 손님들도 이쯤 되면 이미 기분이 풀려 있다.

최고의 대처법은 경청이다

나는 아무리 황당한 상황일지라도, 또한 불만이 가득 섞인 얼굴로 뭔가를 말해도 손님의 이야기에 귀를 기울이려 노력한다.

"아줌마, 우리가 먼저 왔는데 왜 저쪽 테이블에 음식이 먼저 나가요?"

"여기 이거 먹다가 남은 거 아니에요? 밥풀 비슷한 게 있는데."

"음식흐름이 끊겨서 밥맛이 뚝 떨어졌네요!"

"맞는 소린지 알겠는데, 왜 그렇게 융통성이 없죠?"

위의 모든 예시는 흔히 식당에 온 손님들에게서 나올 수 있는 말들이다.

이런 광경은 어느 식당에서나 볼 수 있다. 손님들은 세상에서 자기가 가장 높다는 걸 인정해주고 따라서 자기에게 특별히 신경써줬으면 하는 심리를 품는다. 이런 경우에는 너무 기본에만 충실해도 문제가 생길 수 있다. 무슨 실수라도 하게 되면 그야말로 손님의 화가 화산처럼 폭발한다. 상황에 따른 융통성이 필요한 순간이다.

어떤 갈등이 생겼을 때, 최고의 해결방법은 그 사람의 처한 상황이나 마음을 인정해 주는 것이다. 하물며 상대가 값을 지불하는 고객이라면 더 더욱 그렇다.

"아니에요."

"그럴 리 없습니다."

"분명히 이걸 시키셨습니다."

내 생각에 위의 대답은 가장 최악의 예다. 아무리 그렇게 얘기해봤자 무용지물일 뿐이다.

다른 손님에 비해 자기가 관심 밖의 취급을 받는다 생각하는 사람에게 직원이나 사장의 부정적인 대답은 당연히 귀에 들어오지 않고 오히려 분노를 키운다. 이때는 손님의 이야기에 최대한 공감을 하는 자세를 취해야 한다. 진정성 어린 표정과 공손한 태도가 동반되어야 함은 물론이다. 어쩌면 무조건이라 해도 과언이 아닐 것이다.

"아이고, 죄송합니다. 이쪽이 더 일찍 오셨는데, 실수로 저쪽에 먼저 음식이 나갔군요?"

"죄송합니다. 최대한 바로 빨리해서 올리겠습니다."

"음식 나올 동안 이거라도 드시고 계십시오."

팽팽하게 잡아당겨진 긴장의 상황은 서비스 음식이라도 제공하면 한결 느슨해진다. 술을 마시는 팀이라면 소주가 최고다. 아이들이 있으면 음료수를 살짝 테이블에 놓아도 좋다.

최고의 사과는 솔직하고 진정성 있는 태도와 마음으로 하는 것이다.

갈등상황에서 사과를 받는 쪽에서는 이미 예민해진 상태이므로 어설프게 '사과하는 척'을 하는 건 역시 역효과를 불러온다. 사과는 정중하게, 손님이 하는 얘기를 끝까지 듣고 해야 한다. 여기에 적절한 보상을 더하면 좋다.

벌어진 상황의 심각성에 따라 단순히 서비스로 끝날 것인지, 식대를 아예 안 받을 것인지는 사장이 빨리 판단해 실행한다. 특히 주의할 것은 사과 없이 돈을 안 받는 경우다. 마치 적선하듯, 너 한 사람쯤 돈을 안 받아도 우리 식당은 굴러간다는 식의 성의 없는 태도는 손님에게 상처를 줄 뿐이다. 손님 쪽에서 볼 때 이런 대처는 두고두고 기분 나쁘다. 결국 그 가게에 대해 부정바이러스를 퍼트릴 가능성이 매우 높아진다.

컴플레인의 핵심은 눈높이에서

식당에서 컴플레인이 발생했다면, 이때는 돈을 받고 안 받고의 문제를 논할 게 아니다.

당연히 손님 입장에서는 무조건 공감과 인정을 원하기 때문이다. 자신이 받은 부당한 것을 알아주고 공감해주고, 여기에 더해 적절한 서비스를 받고 싶다는 게 컴플레인의 핵심이다.

가끔은 분명히 아닌데 억지를 부리는 경우도 있다. 이때도 손님입장에서 똑같이 공감을 해주어야 한다. 최대한 손님의 눈높이에 맞추고 목소리를 낮춰야 한다. 최대한 진심어린 표정으로 웅대하면 대부분 문제는 더 이상 크게 번지지 않는다. 컴플레인 해결을 넘어 그 손님이 단골이 되는 일로 이어지기도 한다.

진심을 담은 진정성 있는 대처는 옆 테이블이나 나머지 다른 손님들에게도 적잖이 영향을 미친다. 안보는 것 같아도 저 사장이 어떻게 하나, 귀를 쫑긋 세우고 곁눈으로라도 주시하기 때문이다. 당연히 손님은 손님 편이다. 불친절하고 문제해결에 적절하게 대처하지 못하면 부정적인 에너지가 사방으로 퍼진다. 한번 생긴 부정적 기류는 웬만해선 흐름을 바꾸지 않는다. 이곳은 올 곳이 아니다 판단하고 발길을 끊게 되는 것이다. 이는 결국 매출하락이라는 최악의 결과로 나타난다.

혹시 심하게 고성을 지르고 오버하는 손님이라면 조용히 자리를 옮기게 해 이야기를 듣는 것이 좋다. 나는 이럴 때 손님이 하는 말을 끝까지 듣는다. 그러다보면 원인이 다른 것에 있음을 알게 되는 경우도 많다. 다른 문제로 기분이 나빴거나 마음이 상해 있다가, 식사 도중에 직원들이 결정적인 실수를 했을 때 그걸 빌미로 표출되는 것이다.

손님의 눈높이에서 귀를 기울여 경청하면 사장이 미처 발견하지 못했거나 깨닫지 못했던 것들을 알게 된다. 손님 얘기를 깊게 듣지 않고 밥값을 안 받고 대충 진상 취급하며 내보냈다면 몰랐을 사실이다. 사장이나 직원이 조금만 몸을 낮추면 단골도 확보하고 가게의 고칠 점들도 알게 될 수 있으니 일석이조라 생각하면 된다.

가끔 지인을 만나 이야기를 들어보면 내 신념이 확신으로 바뀔 때도 많다. 지인이 단골이었던 가게에 안 가게 된 진짜 이유를 듣게 되는 것이다. 맛이 없어서는 표면의 이유고 정작 내면의 이유는 기분이 나빠서, 혹은 주인이 불친절해서 등 서비스적인 부분이 마음에 안 든 경우가 더 많았다.

05

직원도
손님이다

나쁘게 그만둔 직원일수록 흉보지 마라

퇴사 의사를 알리고 인수인계까지 정확히 맺고 그만두는 직원은 그나마 고마운 사람이다. 아무 말 없이 갑자기 그만두거나, 아니면 뭔가 가게에 해를 끼치고 그만두는 일이 더 빈번하다.

처음에는 화도 나고 가게 위주로 생각을 한 나머지 남아있는 다른 직원들에게 기회가 생길 때마다 흉을 보았다. 그런데 앞에서는 내 말에 동의하고 맞장구치던 사람들도 결국 그만둔 직원과 같은 입장이었다. 다른 동료직원들에게 내가 했던 얘기를 부풀려 전달하고, 나중에 그로써 직원들과 내 사이가 안 좋아지는 빌미가 되었다.

몇 번의 경험으로 나는 아무리 나쁘게 그만둔 직원이어도 절대 나머지 직원들 앞에서 흉을 보지 않았다. 그러자 직원들은 기분 나쁘지 않느냐며 오히려 떠보듯 슬쩍 물어오기도 했다. 그러면 나는 "그만둔 직원 얘기는 하지 맙시다!" 하며 자리를 뜬다. 이런 내 방식은 생각보다 효과다 크다. 직원들 간에 있을 수 있는 대립이나 분쟁의 일까지 차단하는 결과를 불러온다. 그만둔 직원도 사태파악을 위해 채널을 열어두기 마련이다. 직원 흉을 보지 않는다는 원칙을 고수한 결과 그만둔 직원들은 나에게 좋은 감정을 갖게 되었다. 그 덕분인지 최근에는 직원들이 장기근무를 고수한다. 최소 1년에서 4년 차까지 갈수록 늘어나고 있다.

그럼에도 어떤 직원이 다른 직원을 향한 비난이나 고자질 비슷한 것을 할 때가 있다. 나는 사장 입장에서 적극적인 반응보다는 그러냐고 받아주는 정도로만 대처한다. 계속 듣고 호응하다보면 언젠가는 그 기류에 말려들어갈 수 있다.

어느 때는 다른 사업장 흉을 보는 경우도 있다. 내 반응은 언제나 한결같다. 그러면 직원들이 더 우러러 볼 수밖에 없다. 이것의 여파는 직원들이 더 가게에 충성하게 되고 소속감을 느끼는 것으로 이어진다. 멋진 사장님 밑에서 일한다는 자부심을 갖게 할 수도 있다. 그러니 사장은 언제나 중심에서 중립적인 자세로 포용하고 무게를 잡을 필요도 있다.

부족한 직원이 가게를 지킨다

요즘은 어디나 사람 구하기가 하늘의 별따기다.

뉴스에서는 실업자가 몇 백만이라 떠들지만 정작 현실에서는 인력을 확보하지 못해 힘들어하는 회사들이 부지기수다. 특히 식당들은 일할 직원을 구하지 못해 문 닫는 곳이 있을 정도다.

옛말에 '굽은 나무가 선산 지킨다'는 말이 있다. 자손들이 곤궁해지면 선산의 나무까지 팔아먹는데, 곧게 뻗은 멋진 나무들은 다 베어가고 못나게 굽은 나무들만 남아 선산을 지킨다는 뜻이다.

나는 식당도 마찬가지라 생각한다. 눈도 잘 안 보이고 귀도 잘 안 들리는, 심지어 머리카락까지 없어 가발을 쓰는 아주머니가 서빙을 한다며 찾아왔다. 눈이 잘 안 보인다는 말에 설마 얼마나 안 보이랴 싶어 괜찮으니 당장 출근하라고 했다. 메뉴 판을 너무 가까이에 대고 읽는다거나 손님에게 음식을 설명할 때 큰소리로 말하는 것 빼고는 괜찮았다. 그런데 직원들 사이에, 그 눈과 귀가 어두운 직원이 실수 한 것을 핑계로 함께 근무를 못 하겠다는 일이 생겼다. 다른 나머지 직원들도 은근히 내보냈으면 하는 눈치였다.

나는 눈과 귀가 어두운 직원이 밤마다 늦게까지 남아 뒷정리에도 최선을 다한다는 걸 이미 알고 있었다. 다른 직원들의 타박에도 열심히 임하는 성실성에 높은 점수를 매겼다. 그래서 해낭 식원의 강점인 목소리가 크고 사교성 넘치고 일을 즐긴다는 짐을 격려하고 용기를 주었다. 어느덧 그 직원이 근무한 지 1년이 넘었고, 함께 일 못하겠다고 타박하던 직원들은 하나둘 그만두고 떠났다.

지금 그 직원은 우리가게의 마스코트가 되었다. 손님들에게 가장 인기 많고 가장 친절한 직원이라 인정받는다. 덕분에 친절한 가게라고 소문이 날 정도로 한 명 한 명에게 최선을 다하는 모습에 손님들도 감동한다. 카운터에 와서 저 직원 월급 많이 주세요, 말하고 가는 손님이 있을 정도다.

물론 말끔하고 번듯하게 생긴 직원도 있다. 하지만 그런 직원들은 일은 잘해도 언제 그만둘지 모르는 성실하지 못한 면이 분명 있다. 결핍이 없으면 그만큼 자만하기도 쉽다. 다른 한편으로 성실하고 일도 잘하는데 손버릇이 나쁜 사람도 있을 것이다.

식당이라는 곳은 일반 회사와는 달리, 나이도 많고 못생기고 날씬하지 못한 사람들이 주로 일을 하겠다고 찾아오는 곳이다. 시작을 앞둔 예비사장이나 현재 식당을 운영한다면 이런 현실을 직시해야 한다. 기업처럼 말끔하고 잘생기고 똑똑한 사람도 좋지만 뭔가 조금 부족해도 그 혹은 그녀의 장점을 살려 적재적소에 배치해 내 사람으로 만드는 것도 운영능력이다.

식당을 차리려면 일단 자금을 모아야 한다. 그러나 자금만 모이면 다 될 것 같아도 사람관리를 잘 못하면 운영할 수 없는 영역 또한 식당이다. 인재 찾아 돌아다니지 말고 옆에 있는 사람을 인재로 만드는 것이 더 뛰어난 능력이다. 조금만 여유롭게 포용하고 인정하면 못난 직원도 최고의 인재가 될 수 있다. 선산을 지키듯 가게를 지키는 직원으로 말이다.

너무 완벽한 직원만 찾아다니면 곧 지치게 된다. 일 잘하고 외모가 멋진 사람은 내 곁에 없다 여기고, 어딘가 부족하고 모자라지만 성실하면 그것으로 만족할 줄도 알아야 한다. 그만의 탁월성을 끌어내 자신감 있고 즐겁게 일할 수 있도록 분위기를 이끌어야 하는 것 역시 사장의 역할이다.

인재대란으로 사람확보가 어려워 쩔쩔매고 있다면, 눈의 잣대를 조금만 낮추면 된다. 직원입장에서 신뢰와 사랑을 받고 일한다는 생각이 들면 장기근무를 희망하게 된다. 구관이 명관이라는 말처럼, 현재 곁에 있는 직원들을 존중하고 아껴야 한다고 나는 생각한다. 그러니 조금 부족한 직원이라도 다시 들여다보고 장점을 찾아 품어야 한다.

조회를 해라

최근 〈월간식당〉이 내놓은 외식업계 대표 키워드는 '인재 확보, 식재료 확보, 마케팅 변화, 융복합, 콘셉트 재정립'이었다.

나는 어쩌면 현실적으로 진짜 필요한 외식업계 키워드는 '사람 활용능력'일지 모른다고 생각한다. 직원들의 부족한 부분을 퍼즐 맞추듯 잘 융합하는 것이 '인재 융복합'이 아닐까.

나는 이런 융합의 한 키워드로 조회를 선택했다. 직원들과의 조회를 몇 년 전부터 계획했는데 실행이 쉽지 않았다. 서울의 유명한 프랜차이즈 조회에도 가보며 우리 가게는 어떤 방식으로 할 것인지 많은 고민을 했다. 결국, 남편의 주방직원 시절 안 좋았던 조회경험을 참고했다. 우리 식당의 조회는 예상대로 처음답게 어설펐다. 밥을 늦게 먹는 직원, 일하다 말고 회의 한다는 말도 안 했는데 미리 와 앉아 있는 직원까지 다양한 풍경이었다.

나는 '소통과 공감'을 조회의 화두로 삼았다. 바로 앞에서 말을 전달해도 그 경험치와 해석력이 다르다. 내가 원하는 바에 바로 도달시키기까지는 간극이 존재할 수밖에 없다. 여러 각도에서 여러 사례로 풀어 이야기해야 하는 이유가 바로 이 때문이다.

먼저 가게에서 일어난 모든 잘못은 의사전달과 정확한 지시를 적절하게 하지 못한 내 책임이라고 사과를 했다. 그리고 그동안 고생한 직원들에게 겨울여행을 제안했다. 나머지 세세한 맛집이나 주변 여행일정은 직원들에게 맡겼다. 할 일도 많은데 갑자기 조회를 한다니까 긴장한 얼굴이더니 '겨울여행' 한 마디에 빗장이 풀리듯 분위기가 부드러워졌다. 직원들 얼굴에 미소와 웃음이 번지는 것은 물론이다. 연세 지긋한 직원은 여행 가려면 돈을 많이 벌게 해줘야 한다는 의미 섞인 농담까지 했다.

조회를 하고 나니 직원들과 처음으로 가족이 된 것 같았다. 회의 이론이나 멋진 구호는 없었지만 충분히 의미 있었다. 앞으로도 계속 우리 가게만의 공감과 소통으로 조회 역사를 써봐야겠다는 생각이 들었다. 첫 조회의 성과를 적어보면 이렇다.

하나. 겨울여행

둘. 달력에 직원들 생일 표시.

경영에서 사장은 머슴이다

부정적인 에너지는 전염의 속도가 긍정의 에너지보다 몇 배 빠르게 퍼진다. 불온한 기운의 영역도 순식간에 광범위해진다.

가게 분위기는 아무래도 사장을 중심으로 좌우될 수밖에 없다. 아침에 출근했을 때 기분 좋게 시작하면 하루가 즐겁다. 그러나 누군가의 푸념, 누군가 뱉는 잔소리, 누군가의 한숨 소리는 전체 공간으로 부정의 바이러스를 퍼트린다. 자기도 모르게 동료에게 짜증을 내게 되고 그 동료는 또 다른 사람에게 전염시키는 악순환의 고리를 갖게 된다.

이처럼 중요한 분위기를 의외로 상사나 사장이 깨는 경우가 많다.

본인은 결코 직원들에게 부정적이지 않았다 자신하는 사람도 있을 것이다. 말 안 하고 침묵으로 일관히는 것도 부정의 일부분이다. 사장의 자리는 많은 역량을 요구한다. 직원이면 본인의 일만 잘하면 되는데, 사장은 분위기 파악도 잘해야 한다. 분위기를 깨서도 안 되지만 처진 분위기를 살릴 줄 아는 능력도 필요하다. 사장이나 상사가 소위 '진상'인지 아닌지는 이렇게 실험해보면 된다. 직원들끼리 편하게 웃고 떠들다 사장만 나타나면 입 다물고 흐지부지 흩어지거나, 같이 밥 먹을 때는 조용하다 사장만 일어나면 다시 화기애애해진다면 그는 분명 진상이다.

사람 귀한 요즘은 옛날처럼 상하전달식 권위주의에서 벗어나 내 가족처럼 따뜻한 카리스마가 필요할 때다. 사장은 일명 머슴이 되어야 한다. 직원들의 필요한 부분을 서포트하고 돌봐주는 매니저 역할도 해야 한다. 사장은 분위기 메이커고, 머슴이어야 하며 동시에 매니저여야 한다. 사장은 멀티플레이어가 될 각오로 최선을 다해야 한다. 그러면 진정 사장다운 사장이 된다. 불경기에 살아남는 것을 넘어 성장하는 가게는 모두 직원을 섬기는 가게다.

06

부가 매출이
효자다

현장을 마켓으로 활용해라

자영업자 폐업률이 창업률을 넘어섰다는 뉴스가 남일 같지 않게 들린다.

장사를 알짜로 잘하는 가게들은 이런 불경기 속에서도, 그리고 이보다 더한 악조건이 닥쳐도 계속 호황을 누린다. 이를 '대박 가게'라 일컫는다. 이들에게는 하나의 공통점이 있다. 바로 가게 현장에서 부가매출을 올리고 있다는 것이다.

나도 오랜 연구 끝에 우리 가게에 딱 맞는 부가판매 상품을 개발했다.

부가상품은 앞서 2장에서도 언급한 바 있다.

어차피 우리 가게는 식사를 목적으로 하루에 몇 백 명이 다녀가는 식당이다. 나는 고정적인 고객이나 단골 고객이 많다는 특이성에 주목했다. 매출을 올리는 방법으로 생각해낸 것이 '현장 부가매출 전략'이다. 이왕이면 전 연령대의 시선을 붙잡아야 한다는 목표를 세웠다. 일단 여주가 도자기의 고장이니 앙증맞은 동물 도자기인형들을 현관 입구에 진열해놓고 팔기로 했다. 많이 팔릴 때는 하루에 3세트가 나가기도 했다. 이 도자기인형 판매로 부가매출의 감에 대한 확신이 생겼다.

그다음 판매한 것이 곱창김이다.

일 년에 보름만 나오는 특이하고 영양가 높은 김은 손님들의 시선을 충분히 붙잡았다. 손님들은 먼저 곱창김이라는 특이한 이름에 반응했다. 식사 중에 회와 함께 맛본 경험이 동반되니 맛의 품격은 이미 보증된 셈이었다.

곱창김은 산지인 완도에서 올라온다. 나는 창고에 있는 김을 모두 꺼내와 손님들이 들어오는 현관 입구 선반에 전부 진열했다. 김 몇십 톳이 주르륵 나열되어 있으니 보기에 풍족했고 충분히 이목을 집중시킬 수 있었다. 손님이 카운터에서 계산하다 말고 갑자기 뒤를 돌아보며 가격을 물어오기도 했다. 호기심을 바탕으로 한 질문은 곧 구매로 이어졌다. 대부분 손님들이 거의 한두 톳씩 사가기 시작했다. 어떤 손님은 멀리 계시는 친척에게 선물로 드리는 것이라며 택배발송을 부탁하기도 했다.

지속 가능성에 승부를 걸어라

계획했던 부가상품 몇 가지가 잘 팔린다고 해서 생각을 멈추면 안 된다.

집중할수록 다양한 관점의 아이디어들이 솟아오르는 법이다. 그게 어떤 분야든 몰입과 집중이 그래서 중요하다. 도자기에 이어 김 판매에서까지 자신감을 얻다보니 부가매출이 얼마나 귀한 효자상품인지 알게 되었다.

나는 멈추지 않고 하나의 부가상품을 더 개발했다. 바로 전어젓갈이다. 전어젓갈은 가게 메뉴에서 맛볼 수 있으니 손님들에게는 이미 친숙한 상품이라 할 수 있었다. 이 상품의 아이디어는 전어젓갈을 따로 사갈 수 없느냐는 손님들의 요청을 바탕으로 했다. 또 하나의 부가상품으로 도시락세트도 판매하고 있다. 해초와 곱창김, 그리고 전어젓갈이 한곳에 포장되어 있으니 우리 가게만의 맛을 골고루 경험할 수 있는 상품이다. 최근에는 '보리굴비 선물세트'가 많이 나간다. 이것 또한 부가매출 상품의 하나다.

카운터가 덩그러니 크게 지어진 공간이라면 부가상품 판매에는 금상첨화다.

잡다한 것들을 잘 정리하고 개소하면 쏠쏠한 부가 매출을 올릴 수 있는 '미니마켓'이 된다. 미니마켓은 말 그대로 큰 공간을 필요로 하지 않으니 자투리 공간에서도 얼마든지 가능하다. 누구든, 지금 하고 있는 업종이 무엇이든 부가 매출을 충분히 올릴 수 있다.

음식을 참 맛깔나게 잘하는 사람이나 손맛이 유별나다는 평을 받는 사람이라면 손님들 밥상에 나가는 반찬에 집중해도 된다. 손님들이 추가요청을 많이 하는 반찬만을 골라 잘 포장해 파는 것이다. 이에 더해 자신의 아이디어를 더한 음식을 소포장해 판매해도 된다. 단, 깔끔하고 정갈할 것. 소소한 것 같아도 이는 부가가치를 올릴 수 있는 훌륭한 방법이 되어줄 것이다.

미니마켓은 임대료와 인건비를 따로 필요로 하지도 않는다. 지금 현재 보유하고 있는 인원과 공간만으로 더 많은 돈을 벌 수 있는 방법이다. 혹 잘 팔리지 않으면 다른 상품을 개발하면 된다. 여러 번 실패해도 가게가 망할 염려도 없다. 그것이 바로 부가 매출 상품의 강점이다. 현재 가게 메뉴와 곁들이 음식을 잘 살펴보고 연구하면 내가 제일 잘할 수 있는, 그리고 나만의 상품이 보인다.

5장

당신의
간절한 꿈을 파세요

01

생각의 눈으로 돌아보라

생각하고 또 생각해라

사람의 가장 중요한 능력은 '질문'을 던지는 것이다.

다른 말로 하면 호기심을 갖는 것인데, 이는 어떤 대상을 유심히 들여다보는 것을 바탕으로 한다. 관심을 갖는 것과 갖지 않는 것의 차이는 확연하다. 그저 무심하게 생각 없이 흘려보낸 것들이 예리한 칼날로 다시 돌아와 나를 베기도 한다.

정신없이 달려오다가도 자신이 걸어온 길을 차분히 돌아보는 일은 사실 바쁜 일상에서 쉽지 않다. 자기 걸음을 뒤돌아 반추하는 것이야말로 인생에서 가장 큰 지침서이고 보약이라 나는 생각한다. 절대 풀리지 않을 것 같은 문제들에 직면했을 때, 도무지 답이 보이지 않는 문제들도 뒤돌아보면 거기에 답이 오롯이 있기도 한다.

나는 사색의 위대한 힘을 믿는다. 분명 내 걸음을 뒤돌아보았는데 오히려 앞으로 내가 걸어가야 할 길이 보인다. 뒤돌아보는 것이야말로 미래를 바라보는 것일 수 있다. 또한 내가 가야할 방향의 표지판이 내 등 뒤의 그곳에 있다.

'상처 없는 독수리는 없다'라는 말이 있다. 나뭇가지에 찢기고 사냥꾼에게 공격을 당하면서 대장독수리가 된 것처럼, 나도 내가 가진 무수한 숨겨진 상처들로 세상과 공감하고 소통하며 단단해졌다. 상처는 실패나 죄악이 아니다. 축복이며 상대방을 바라보고 이해하는데 필요한 창이 된다. 나는 귀가 잘 안 들리는 친정아버지 덕분에 눈으로 소통하는 법을 깨달았다. 나이 든 손님들이 오면 눈과 몸으로 인사를 한다. 눈빛은 때론 말보다 더 빠르게 소통하고 더 진지하고 더 진실하다.

자신의 마음을 들여다보며 생각에 기댈 때 사람은 조금씩 성장한다. 힘들고 지치는 지점에, 훌쩍 어딘가로 떠나 자연 안에서 지혜를 구하는 것도 사색을 위한 좋은 방법의 하나가 될 수 있다.

머릿속에 든 그 무엇이 당신의 미래가 된다

학교에 있을 때는 공부생각 하는 게 당연하다. 회사에 있을 때 회사 업무 생각 하는 것도 마찬가지다. 나처럼 식당에 있는 사람이 가게운영에 관해 생각 하는 것도 당연하다.

양치질할 때도 지인들과 거리를 걸을 때도 외식을 할 때도, 심지어 노래방에 가거나 잠을 잘 때도 떠오르고 생각나는 무언가가 있다. 당신의 머릿속을 떠나지 않고 늘 솟아오르는 것이 있다면, 그 생각은 당신의 1년 혹은 3년 후의 미래를 결정하는 설계도일 수 있다. 그것이 기쁘고 즐겁고 때때로 힘겨움마저 이기게 해주는 '무엇'이라면 미래는 이미 당신 손안에 있다. 세상을 생각의 자석으로 휘저으면 성공의 아이디어가 마구 들러붙기 때문이다. 생각의 자석에 붙은 아이디어를 손으로 훑어 모아 그것으로 멋진 성공의 그림을 그려 볼 수도 있다.

나는 '생각 값'과 '고민 값'이 있다고 생각한다.

처음 식당이 자리를 잡기 전에는 화장실 청소부터 유리창 닦기, 주차관리 등 할 일이 늘 넘쳐났다. 손만 대도 크고 작은 일들이 우르르 쏟아져 나와 하루 열두 시간이나 열다섯 시간을 버텨가며 가게를 꾸려야 했다. 그러다 직원이 하나둘 늘었고 나는 직접 하는 것보다 지시자의 입장에 가까워졌다. 현장에 있지만 관리자로 점점 역할이 확대된 것이다.

언뜻 보기에 사장은 카운터에서 돈 받고 심심하면 공부나 연수를 핑계 삼아 놀러가는 것 같아 편할 것처럼 보인다. 나도 한때는 그런 줄 알았다. 그런데 겪어보니 사장이 누리는 자유는 생각 값, 고민 값의 대가인 것 같다. 물론 '100퍼센트 투자'라는 물리적 개념도 있겠지만 같은 일을 하고도 거저먹기 식으로 돈을 더 많이 가져가는 것만은 아니라는 말이다. 나는 종종 직원들과 동료 사장들에게 농담처럼 "나는 숨 쉬는 것도 일이다!"라고 말한다. 그 정도로 고민하고 생각하고 또 생각해야 하는 자리가 사장의 자리일 수밖에 없다. 새벽 두 시에 잤는데 여섯 시에 눈이 번쩍 떠져 영업장에 관해 생각하게 되는 것, 이것이 사장 월급의 대가인 것 같다. 만약 직원이 나만큼 고민하고 생각하며 일을 추진하고 있다면 그 직원은 이미 사장과 다름없다. 그에게는 바로 분점을 내줘도 된다. 어떤 세계든 리더로서 잘 이끌어가려면 항상 고민에 고민을 거듭해야 한다. 지금 주어진 대부분 시간에, 당신은 무엇을 생각하고 상상하며 어떤 그림을 그리고 있는가.

경고음에 귀를 기울여라

안 좋은 일이 일어났을 때 사람들은 원인과 문제를 밖에서 찾으려 한다.

이는 남의 탓으로만 돌리려는 심리에서 기인한다. 이런 심리는 난관이나 불행에 맞닥뜨렸을 때 본능적으로 작용하는 자기방어 기제가 만들어낸 마음의 도피처 같은 것이다.

10년 된 친구나 후배의 배신이 비수의 칼끝으로 나를 향하기도 하고, 사업이 번창하자 해외 지점을 만들어 놓고 점장만 철석같이 믿었는데 몇 년 동안 거액의 자금을 횡령하기도 하고, 생활이 어려운 친구를 점장으로 세워 대우했는데 가게의 핵심 주방장을 빼돌려 바로 눈앞에서 식당을 차리기도 한다.

그러나 자세히, 천천히, 가만히 지난 시간을 더듬다보면 알게 된다.

모든 것은 내 탓이고 내 자만심이 만든 결과들이다. 내가 너무 잘난 것 같고, 그리고 너무 잘나가서, 너무 빨리 그다음 성과만 생각한 나머지 눈이 어두워졌기 때문이다. 빨리 걸어가느라 물이 새는 것을 미처 보지 못했고 귀가 어두워 남의 소리를 듣지 않아서였다. 천천히 뒤돌아 걷다 보면 내가 놓친 나무와 꽃들과 사람이 보인다. 일어난 모든 것은 다 내 욕심이고 내 탓이라 생각하는 순간부터 지난날의 오류가 모습을 드러낸다. 이렇게 얻는 오류는 뜻밖에도 문제 해결의 결정적인 지혜가 되어줄 수 있다. 경고음은 일상생활에서도 얼마든지 들을 수 있다. 오감은 신체의 것이지만 육감은 우주 바깥에서 내 안으로 스민다. 이때 육감은 직관의 영역으로, 예비 경고음 역할을 한다. 현재의 삶에서도 사업체에서도 내 몸에서도 경고음은 울린다. 나는 직원들의 다툼 속에서, 사회적인 인간관계의 뒤틀림 속에서 내 인생이 좋은 방향으로 잘 움직이고 있는지 혹은 다른 길로 엇나가고 있는지 점검하고 되돌아보는 일을 게을리하지 않는다. 삶에서 경고음이 울리는 건 참 감사한 일이다. 잘만 수습하고 해결하면 더 좋은 결과가 기다리고 평온한 일상이 선물로 주어지기 때문이다. 나쁜 일이 일어나고 배신당하거나 사기를 당하는 것조차 감사하다. 내 몸이 썩을 수도 있는데 미리 고름으로 노출돼 나오니 얼마나 고마운 일인가. 탁 터트려서 짜버리면 될 일이다.

긴장의 끈을 놓지 않으며 나를 되돌아보고 사업장을 점검하고 점검해야 한다. 지금 진행하는 프로젝트도 다시 들여다보고 문제점을 파악하자. 모든 좋은 것의 원인도 나에게서 비롯된 것처럼, 겉으로 보기에 100퍼센트 상대방의 잘못일지라도 사실 더 깊이 들어가 보면 다 내 탓이다. 본인만 느끼고 알 수 있는 '내 탓' 말이다. 내 불안이 없어지면 주변도 자연스럽게 변화한다. 좋은 에너지의 파동은 느리지만 멀리 퍼진다. 누군가 성공했다면 그가 어떤 피나는 노력을 했는지 짚어보고 나는 어땠는지 뒤돌아볼 일이다.

발소리 글

"카카오스토리 글 잘 보고 있어요."

근래 손님들이 카운터로 계산하러 왔다가 한 마디씩 던지고 간다.

나는 거의 매일 카카오스토리에 내 생각이나 일상을 기록하는 중이다. 그런데 얼마 전 '카스' 친구 수가 너무 많아 정리를 했다. 친구신청을 받아들여야 할 분들이 너무 많아져 몇 분을 끊은 것이다. 연세도 많고 카스 활동도 거의 안 하는 것 같은 사람을 주로 골랐다. 그러고는 잊어버렸다.

어느 날 우리 가게에 식사하러 왔던 어떤 손님의 말에 가슴이 내려앉았던 적이 있다.

"요즘 왜 카스글 안 올려요? 그 글 올라올 때마다 재밌게 봤는데."

글을 안 쓰는 게 아니고 그분이 친구 끊기 대상자이기에 안보였던 것이다. 연세도 많고 카스 들어가 보니 사진도 적어 끊기 대상자로 삼았더랬다. 그런데 글이 안 올라온다고 일부러 가게까지 찾아온 것 같았다.

균열의 틈새가 나중에야 보이는 것처럼, 판단의 오류도 훗날 알게 된다. 나는 내가 누구보다 성실한 판단을 내리는 사람이라 여기며 살아왔다. 그 손님의 한 마디가 그런 내 판단력이 오류일 수 있음을 제대로 느끼게 해주었다. 얼마나 서운하고 얼마나 글을 기다렸을까, 생각하니 마음이 저렸다. 지금은 친구신청자가 쌓였는데도 누굴 끊어야 할지 겁이 나고 미안해 손을 못 대고 있다.

최근에는 친구신청이 들어오면 어떻게 알았는지 경로를 물어봐 선별한다. 그러면서도 마음은 여전히 저릿하다. 아마 그때 그 친구

끊긴 분은 이런 심정이지 않았을까. 어떤 식당의 한 메뉴가 값도 싸고 맛있었는데, 타산이 안 맞는다고 메뉴판에서 사라진 사실을 알게 된 느낌이었겠지 싶다. 더 신중하게, 한 번 뒤집어서 더 조심히 판단해야겠다. 내 부족한 글이 밤중에 길을 걸을 때 도움이 되는 친구의 발소리 글이기를 진심으로 바라 본다.

02

인생에서
돈은 아무것도 아니다

만 원의 철학

로드숍(거리를 따라 들어선 가게)을 운영하다보면 내게 이익을 가져다주는 손님들만 오는 게 아니다. 오래 장사하다 보니 별사람이 다 온다. 보따리 속옷장수, 밭에서 막 땄다며 과일을 내미는 과일장수, 대학연구소에서 개발했다는 건강식품장수, 미나리와 나물 몇 가지 캐온 아주머니, 시골에서 닭 키우며 유정란 파는 아줌마, 화장품 판매원, 사주 봐주고 부적 파는 아줌마 등 각양각색이다. 가장 단골은 수행스님이다. 심할 때는 오전에 이미 스님이 다녀갔는데 오후에 또 다른 스님이 올 때도 있다. 가게 사장들에게는 반갑지 않은 방문일 수밖에 없다. 불황을 겪는 가게라면 더욱 그렇다. 나는 카운터에서 스님이 목탁을 치기도 전에 오천 원짜리나 만 원짜리를 시주한다. 어떤 스님은 염불을 성의 있게 끝까지 외지만 또 어떤 스님은 돈만 받고 바로 획 나가기도 한다.

"식사라도 하고 가세요. 물이라도 드릴까요?" 스님들에게 이렇게 인사하고 보내면 직원들이 한 마디씩 한다. 땡중이네, 뭐네 각자 식견을 내놓는 것이다. 그러나 모든 판단은 결국 본인의 시선일 뿐이다. 나는 우리 가게에 온 인연에 대한 판단에만 급급하지 말고, 그냥 묵묵히 현재 내 일에 최선을 다하면 된다고 생각한다. 오래 근무한 직원들은 내가 바쁘면 이제 자기들이 먼저 뛰어가 시주를 한다. 내 생각을 이해하고 따라주는 것이다. 그게 뭐라고, 그게 뭐 대수라고. 어떤 가게에서는 아침에 와 재수 없다고 소금을 뿌리고, 종교가 다르니 싫다고 내쫓는다. 그게 뭐 대수라고.

장사나 사업을 하다 보면 작은 인연들이 찾아오기도 하는데, 나는 그들에게 더 공손하게 대해야 한다는 쪽에 서 있다. 보이지 않고 들리지 않는 소리가 내는 에너지의 파장이 때로는 거대한 바위를 뚫기도 한다. 나는 그 크고 작은 에너지의 파장들이 기본 바탕에 깔려야만 불경기에도 성장하는 사업체가 된다고 믿는다.

돈보다 중요한 어떤 것

비가 내리면 어떤 가게든 손님이 뜸하기 마련이다.

　손님이 몇 팀 들지 않는 그런 날이면 나는 이벤트로 신청곡을 받아 카운터에서 음악을 튼다. 손님들은 소주가 술술 들어가고 음식이 맛있다며 저마다 한 마디씩 한다. 홀을 오가는 서빙직원들 사이에 음악의 선율이 가벼운 바람으로 일고 가게 전체로 달짝지근한 기운이 퍼지기 시작한다.

　조금만 여유를 품으면 힘든 장사일지라도 충분히 즐길 수 있다. 나는 이것을 보이지 않는 경영전략이라 말한다. '전략'이라 해서 계산적인 규칙이나 법칙만 뜻한다고 생각하지 않는다. 별것 아닌 것으로 감동을 주는 방식은 일종의 '마음전략'의 하나다. 아무것도 아닐 수 있는 음악 몇 곡으로 손님도 행복하고 나도 행복할 수 있으니 얼마나 저렴한 비용의 전략인가.

　얼마 전, 지인이 성형외과 의사들의 모임이 있으니 꼭 참석하라며 사업적으로 직접적인 도움이 될 거라 강력 추천을 했다. 나는 1년에 한 번 있는 귀한 세미나를 뒤로 하고 그분이 말한 약속장소로 갔다. '캐이터링(파티 등의 음식 조달)사업' 쪽에 연을 닿게 해주시려나, 하는 생각에 설레기까지 했다. 약속 장소에 도착해보니 성형외과는 맞는데 입구가 지하로 나 있었다. 특별한 사람 소개는 없었고 두세 명씩 군데군데 파티션이 쳐진 곳에서 대화를 나누고 있었다. 알고 보니 미국계 다단계사업이었다.

  집에 가지도 못하는 상황에서 배는 고프지, 계속 얼마 번다는 돈 얘기만 하지, 골치가 지끈거렸다. 강의 후에도 사업파트너가 되어달라고 설득을 해왔다. 나는 강의 때 들은 수수료 정도는 이미 내 사업을 통해 벌고 있고 내가 갈 길은 따로 있다고 정중히, 그러나 단호히 말하고 나왔다.

  나도 돈을 벌고 있지만, 이상하게 순전히 '돈을 위한 돈 버는 일'은 나와 잘 안 맞는다. 마침 저녁 모임 전이라 두어 시간이 남아 혼자 대충 식사를 때우고 근처 숲속에서 산책을 했다.

  자연이 주는 싱그러움과 편안함, 뾰족뾰족 나오는 새순들을 보니 시골집 고향에 온 듯한 느낌이었다. 천천히 한 걸음씩 걸으며 나 자신에게 물었다. '그럼, 나는 어떤 삶을 원하지?'

  어떤 삶이든 보람이 내재되어 있어야 한다는 사실을 다시 한 번 깨달았다. 다행히 내게는 다른 사람의 건강과 추억을 위해 음식을 제공하는 직업이 있다. 자연스럽게 정리가 되니 마음이 기쁘고 가벼워졌다.

돈 버는 식당 사장들의 비밀

돈에도 눈이 달려 있다고 한다.

  장사로 성공한 사장님들과 얘길 나누다 보면 공통점이 많다는 걸 알 수 있다. 그중 하나가 아낌없이 베풀 줄 안다는 것이다.

돈을 많이 버니 베푸는 걸까, 아니면 베푸니 그만큼 또 들어오는 걸까. 돈도 눈이 있어 베풀지 못하고 주저하는 사람한테는 오지 않는단다. 시부모님 두 분 간병비로 월 500만 원 가까이 감당하고도 웃는 얼굴로 말하는 사람도 있고, 이야기를 들어보면 집안에서 기둥 역할을 맡는 사람들도 참 많았다. 움켜쥐지 말고 베풀어야 돈은 또 온다는 사실을 그 성공한 사장님들은 이미 터득한 것 같았다.

나도 그들을 보며 많이 배웠다. 여유로운 상태로 있는 것을 집어주는 일은 진정한 베풂이 아니다. 씀씀이가 헤픈 것과 베푸는 것은 차원이 다르다. 한편으로는 세금 문제로 사채빚을 알아보러 다녀야 하면서도 꼭 써야 할 때, 써야 할 곳에는 과감하게 내놓는 것이 진정 베푸는 일이다.

자신 있게 베풀면, 자신 있게 돈이 들어온다고 했다. 고향에 가면 우리 집 말고 또 한 군데 더 다녀오는 집이 있다. 백양사 입구에서 버스표와 기념품도 팔고 편의점 역할도 하는 어릴 적 친구네 가게다. 친구네 엄마는 들를 때마다 음료수며 아이들 과자며 꼭 챙겨주셨다. 외지로 사람들이 거의 빠져나가 어려운 형편일 텐데도 늘 챙겨주셨다. 저번 달에는 딸기 한 박스 사들고 인사차 갔는데 아끼던 양주까지 내놓으셨다. 그리고 제주 지인에게 부탁해 귤 한 박스까지 선물로 받게 해주셨다. 어릴 때부터 지금까지 뵙고 있는데 그분의 베풂이 복을 부른다는 생각이 들었다. 인간관계에서도 저렇게 베풀 수 있는데 하물며, 장사를 하는 사람이 돈을 벌며 못할 게 무어냐 싶었다.

며칠 전에는 가족단위 손님들이 많이 다녀갔다. 한 젊은 부부가 세쌍둥이를 데리고 식사를 하러 왔다. 나는 고생 참 많겠다는 인사를 하며 힘내라고 애기 엄마에게 곱창김 한 톳을 안겼다. 다음 날은 젊은 부부가 어린 두 딸을 데리고 왔다. 큰딸을 보니 우리 큰딸 어릴 때 동생을 일찍 봐서 스트레스 많이 받고 힘들게 컸던 생각이 나 만 원을 세뱃돈으로 쥐어 주었다. 이어 예쁘다는 칭찬도 아끼지 않았다.

나는 말하는 걸 좋아해 말로도 많이 베풀자 생각한다. 누군가에게 칭찬을 듣는 것은 기분이 좋아지는 일이다. 칭찬은 고래도 춤추게 한다. 이런 생각으로 우리 가게에 오는 손님들에게 착 달라붙는 언어 스킨십도 아끼지 않는다. 그러나 너무 과하면 오히려 불쾌하게 만드는 요인이 되므로 적당한 경계를 넘지 말아야 한다. 잘만 건네면 누군가에게는 뜻밖의 원동력이 되기도 한다. 말이든 물건이든 적절하게 베풀 줄 아는 것은 그야말로 지혜를 발휘하는 일이다. 무조건 베풀고 퍼주면 손해만 보는 거 아닌가 생각할지 모르겠다. 그러나 내가 베푸는 것들이 복이 되어 오기도 전에 이미 내 마음이 따뜻해짐을 먼저 느낄 수 있다.

식당이라는 특성을 살려 베풀려고 마음만 먹으면 여러 방법들이 생긴다. 엊그제 손님 칠순잔치 때 내 엄마다 생각하고 왕랍스터와 보리굴비 한 마리를 별도로 서비스했다. 내 경험에 비춰볼 때 돈은 너무 계산기 두들기면 오히려 도망간다. 주저하지 말고 자신 있게 확실히 베풀면, 돈도 자신 있게 확실히 들어온다.

음식은, 음식만이 아니다

"여보세요. 네? 아, 네. 죄송합니다. 정말 죄송합니다. 네, 다음엔 잘해 드리겠습니다."

직원 하나가 전화기에 대고 쩔쩔매며 통화를 했다. 무슨 일이냐고 물으니 포장 실수를 했다고 한다. 회덮밥 2인분에 초밥 1인분 포장을 해갔는데 막상 먹으려고 보니 초장과 고추냉이가 없단다. 홀 직원이 두 명이나 휴무라 남은 직원들과 정신없이 일하다 보니 내가 깜박하고 초장과 고추냉이를 빠뜨리는 실수를 한 모양이었다. 주방에서는 다시 전화해 다음에 오면 돈 안 받고 똑같은 메뉴로 포장해 드린다 얘기하란다. 여직원은 나와 상의도 없이 죄송하다는 말만 하고 전화를 끊은 상태였다.

나는 고추냉이와 초장 두 개를 챙기고 초밥 1인분을 더 포장했다. 차로 15분 거리인 아울렛매장으로 전속력을 내달렸다. '바쁘신데 여기까지 와주셔서 고맙다'는 그녀의 인사가 나는 더 고맙고 감사했다. 포장가방을 들고 총총걸음으로 사라지는 그녀를 보며 속으로 잘했다, 진짜 잘했다, 생각하며 돌아섰다. 우리 가게 시스템의 특성상 배달 업무는 안 하고 있다. 일부러 차를 운전해 15분 거리를 왔을 정도면 아마 그 시간의 그녀에게 초밥과 회덮밥은 식사 이상의 의미였을 것이다.

음식은 '배 채움'의 행위를 넘어선 그 무엇인지도 모른다.

음식은, 단순히 음식만이 아니다. 위안이고 위로가 되기도 하는 일종의 매개물이다. 나는 몸살 기운이 있을 때, 기분 안 좋을 때 강남의 한 돈가스 집에서 파는 한우소고기국밥을 먹으면 힘이 난다. 하루에 30그릇만 파는 메뉴다. 오피스상가라 직장인들이 많은데 아침을 거르고 출근하는 것이 안타까워 부산 고향에서 잔칫때면 꼭 해먹는 국밥을 메뉴로 만들었단다. 그 집에 한번씩 가면 누가 산골 출신 아니랄까봐 돈까스나 스파게티대신 꼭 치자밥을 만 국밥을 먹고 온다. 내게 그곳의 소고기국밥은 음식이 아니라 추억이고, 위로이며, 약이다. 내가 직원들과의 여행에서 먹은 조개구이도 조개구이가 아니라 추억이었다.

나는 지금 이 순간에도 우리 식당의 음식이 누군가에게는 위로와 약, 그리고 추억과 사랑임을 생각하게 된다. 우리 식당에서 파는 음식의 본질이 위로와 위안이 되게끔 더 노력해야겠다.

03

내 자리에서
성공을 이룬다

지금 서 있는 곳에서 일어나라

지금 하고 있는 일이 보잘것없어 보이고 때로는 이직을 위한 중간단계라 생각해 대강 일하는 경우도 있을 것이다. 남이 이루어놓은 성공과 결과물이 멋져 보이고 내 길보다 그 사람이 가는 길이 더 쉬워 보이기 때문이다. 그런 생각을 한다면 다른 곳으로 옮겨 일해도 성공의 거리는 좁혀지지 않는다. 새롭게 배우고 적응해야 하니 더 시간이 지체될 뿐이다.

현재 하고 있는 일, 하고 있는 사업에 미치도록 매진해본 사람은 안다. 지금 잡고 있는 그 줄을 따라가다 보면, 여러 갈래의 기회라는 열매가 주렁주렁 달려 있다는 사실을 말이다. 이것을 '파생의 기회'라 한다.

나는 17년간 식당 일에서 쌓은 노하우를 강연으로 활용해 세상과 소통하고 싶다. 그래서 하루하루를 공부하는 마음으로 살고 있다. 내가 경험한 실패는 누군가에게 에피소드로 소개될 테고, 어렵게 깨달은 모든 것은 각각의 콘텐츠가 되어 강연 자료로 귀하게 쓰일 거라 믿는다.

식당 일은 어느 분야보다 힘들고 어렵고 폼도 안 난다. 그러나 직업으로 받아들이고 인정하고 즐기는 수준까지 터득하고 나니 어느새 성공이라는 지점에 가까워지게 되었다. 나는 지금도 변함없이 카운터에 앉아 있다. 아직도 이 자리에서 최선을 다하고 성공하기 위해 고민에 고민을 거듭한다.

현재 내가 가진 모든 결과는 고민의 결과물이라 말할 수 있다.

그 결과들이 때로는 누군가에게 엄청난 동기부여가 되고 희망이 된다는 것을 수없이 느낀다. 나만의 스토리가 더 많이 쌓이고, 그렇게 쌓일 때마다 또 다른 콘텐츠 하나가 탄생할 것이라 생각하면 고민하고 노력하지 않을 수 없다. 성공이든 행복이든 저 멀리 있는 게 아니다. 그것은 내 발치 끝에 매달려 있기도 하고 내가 앉았던 자리,

내가 서 있었던 자리에 오롯이 숨어 있다.

　강의도 많이 듣고 책도 많이 읽지만 내 시선의 끝이 머무는 곳은 언제나 이 카운터의 자리다. 여전히 힘들고 어렵고 폼도 안 난다. 그럼에도 내가 하나의 숭고하고 아름다운 꽃을 피운다면, 저 멀리 저만큼의 밖이 아니라 바로 이곳, 이 자리일 것이다. 세상 누구도 완벽한 삶을 살 수는 없고 완벽한 사람 또한 없다. 그 완벽하지 않은 대상들을 아끼고 껴안으며 최선을 다했을 때 비로소 성공의 길이 보이기 시작한다. 주변의 사람들을, 내 가게의 부족한 직원들을 끌어주고 알려주고 메워주며 살아가는 것이 성공으로의 첫걸음이 된다.

카운터는 관제탑이다

나는 카운터가 가게 전반의 관제탑이 되어야 한다고 생각한다.

　어느 매장이고 카운터에는 보통 주인이나 점장들이 앉아 있는 경우가 많다. 단순히 물건이나 식사비를 지불하고 받는 위치로 생각하기 쉽다. 기능적인 면으로 봤을 때는 확실히 그 말이 맞다. 하지만 조금 더 깊이 있게, 폭넓게 시선을 열면 생각지도 못했던 세계와 마주할 수 있다. 내가 생각하는 카운터에서 해야 하는 수행기능들을 정리해보면 다음과 같다.

　하나. 고객의 불만 사항을 들을 수 있도록 귀를 기울여야 한다. 카운터는 "즐거운 시간 되셨습니까?" 하고 물으며 고객과 소통하는 소통의 장이다.

둘. 직원들이 미처 챙기지 못한 부분을 예리한 눈과 소위 '소머즈' 같은 귀를 열어 홀의 상황을 파악할 수 있어야 한다.

셋. 고객과의 최초 대면일 경우가 많은 곳이라 아이컨텍트, 즉 눈맞춤을 부드럽게 해주어야 한다.

카운터에서 딴짓하는 식당이나 가게들도 많다. 이는 장사를 하는 사람이라면 분명 하지 말아야 할 일들이다. 오든지 말든지 상관없다는 식은 아주 망하려고 작정한 가게들이나 취하는 태도다. 그렇게 귀찮고 부끄럽고 싫으면 문을 안 열면 되고 장사도 안 하면 그만이다. 그런 사장님들, 그냥 집에서 편히 쉬시라.

장사 안 되는 가게의 카운터에 앉아 있는 사장들을 살펴보면 공통점이 몇 가지 있다.

하나. 텔레비전이나 인터넷을 보며 눈이 딴 데 가 있다. 휴대폰을 들여다보는 것도 마찬가지다.

둘. 다리 꼬고 앉아 신문 보거나 껌 씹고 다리 떨며 손님의 돈을 받는다. 내가 보기에는 진상 중의 진상 주인장이다.

셋. 서비스는 직원이 하고 본인은 돈만 받는 거라 생각하고 무표정으로 일관한다. 손님들이 계산하러 와 무서워서 말도 제대로 못 붙인다. 나는 이런 가게에 팻말 하나를 걸어주고 싶다. '무표정 절대 금지!'

카운터는 일종의 관제탑이고, 항해 중인 배라면 조타실이나 다름없다. 배의 방향을 조정하는 키는 바로 이 조타실에 있다. 나는 가게의 방향을 조정하는 키도 내 자리인 카운터에 있다고 본다. 바람이 불고 폭설이나 폭우가 휘몰아치고 파도가 몰려와도 내가 키를 잡은 손을 끝내 놓지 않으면 우리 식당은 조난당하거나 표류하지 않을 것이다. 지금까지는 순풍을 타며 아주 잘 가고 있다. 계속 이렇게 순항하기 위해서는 더 열심히, 더 소머즈의 귀가 되어 귀를 기울여야 한다.

인사만 잘해도 가게가 산다

음식점이건 옷가게건 업종 불문하고 인사만 잘해도 50퍼센트는 먹고 들어간다. 고객이 출입문을 탁 여는 순간 밝고 경쾌한 에너지로 "어서 오세요. 반갑습니다" 하는 가게는 잘 가고 있는 가게다. 밝은 에너지의 인사에 기분이 좋아질 뿐만 아니라 자기가 간 음식점이 뭔가 활기차고 장사가 잘되는 집 같아 신뢰가 더 가기 마련이다.

다른 분야도 마찬가지겠지만 특히 식당장사에서 신뢰감을 얻는다는 건 정말 중요하다. 신뢰는 '이렇게 인사를 멋지게 하는 식당인데 설마 나쁜 것을 줄까' 싶은 마음과 연결되기 때문이다.

인사할 때 목소리 톤과 마음가짐도 중요하다. 피죽도 못 얻어먹은 목소리로 건성건성 하는 인사는 하나마나다. 눈은 다른 데 보며 건네는 인사에 영혼 없는 목소리와 몸짓, 손님은 다 안다. 주인은 속여도 손님은 못 속인다.

가게 에너지를 밝고 화사하게 하면 돈이 들어오는 길을 터주는 것과 같다. 그 가게가 잘되는지 안 되는지 매출표를 보지 않아도 알 수 있다. 가게 분위기가 매출을 간접적으로 보여주는 것이다. 잘되는 집은 분명 냄새와 불빛, 그리고 가게 안을 떠다니는 전반적인 분위기, 직원들의 몸가짐 하나하나, 주인의 표정만으로도 알 수 있다.

사실, '맛있게 드셨습니까? 좋은 시간 보내셨습니까?' 이 간단하면서도 짧은 인사가 음식점 카운터에 서면 참으로 어렵다. 가장 쉬워 보이는 사항 같지만, 막상 입 밖으로 소리가 나오지 않는 사람들도 많다. 여러 곳에서 교육받고 마인드 훈련이 됐다고 자부하는 나도 이 말이 매번 쉽지만은 않다.

경쾌한 인사를 건네면 보통 호의적인 대답이 돌아오지만, 가끔 변수의 대답이 돌아오기도 한다. "맛있게 안 먹었으면 어쩔 건데요?", "음식이 예전만 못해요.", "음식은 맛있는데 서비스가 영 정신도 없고.", "현금 내니까 깎아주세요.", "간이 짜요.", "너무 비싸요." 등등 시비조나 불만 섞인 대답이 나올 때는 기운이 쭉 빠진다. 수많은 불평불만, 가끔 불쾌한 얼굴로 걸어오는 농담 등을 늘 한결같은 마음으로 소화해내야 한다는 사실에 지칠 때도 있다. 그래서 다수의 식당에서는 눈도 안 마주치고 애매한 자세로 계산기만 두들기며 가격만 말하고 마는 것이다.

    변수는 어느 곳에서나 끼어들기 마련이다. 예측할 수도 없다. 나도 사람인지라 평소에는 친절한 인사를 건네지만, 직원 하나가 부족해 정신없거나 식재료가 오늘은 상태가 좋지 않아 자신 없는 날은 인사할 에너지가 솟아나지 않는다. 나부터 최선을 다하고 완벽하게 준비했는데도 컴플레인이 들어오면 당황스러운 것도 사실이다. 손발이 떨리고 심장은 두근대고 혼은 쏙 빠진다. 그러나 이런 손님을 스승으로 삼고 '고객위원회' 회원이다, 생각하고 감사히 겸허하게 받아들이는 태도로 임해야 한다. 고객은 귀신같아서 척 보면 다 안다. 그 사장이, 그 주인이 자신이 충고를 받아들이고 진정 미안해하는지.

04

남들이 손가락질해도
나는 배운다

네 멋대로 해라

간판, 집기, 그릇, 인테리어? 그냥 두어라. 손대지 말고 돈을 담을 수 있는 마음의 그릇을 먼저 마련해야 한다. 노력의 결과물로 그 그릇을 앞에 두게 되었다면, 세상을 다시 뒤집어 보는 새로운 관점을 그곳에 담자.

    어떤 일을 새로 시작할 때, 즉 도약의 시기에는 많은 부정적인 말과 시기와 질투의 시선들이 나를 흔들어댄다. 아주 혼란스럽고 골치가 지끈거린다. 진정 그들이 원하는 것은 당신을 다시 아래로, 저 밑바닥으로 끌어내리는 일이다. 말도 많고 소문도 많은 게 사람 사는 세상의 일면이다. 그러나 어느 날 당신의 시도나 도약이 주변에 익숙해지는 순간이 분명 찾아온다. 말 많았던 사람들도 잠잠해지며 급기야 당신이 따낸 성공의 열매를 같이 맛보기도 한다. "역시, 해낼 줄 알았다!"며 격려의 말을 해주기도 한다.

나는 9년 전에 처음 운전을 배웠다. 운전을 배우고 익히고 도로주행으로 나서기까지 나도 수많은 말을 들어야 했다. 서울 갈 때는 복잡하니 차를 두고 버스 타고 가라, 고속도로는 다른 차들이 쌩쌩 달려 위험하니 동네 마트 갈 때나 끌고 다녀라, 등등. 하다못해 운전면허증도 없는 사람조차 어디서 들은 내용만으로 훈수를 두기도 했다. 나는 그런 말이나 시선에 전혀 개의치 않고 차를 끌고 다녔다. 서울 강남 한복판에 가도 꼭 차를 몰고 갔고, 친정집인 전라도에 갈 때도 과감하게 고속도로로 진입해 들어갔다.

무슨 여자가 그리 배짱이 크냐고 물을지 모르겠다. 사실 나도 인간인데 두렵지 않았겠는가. 처음에는 운전대에 앉으면 심장이 쫄깃하게 졸아들고 등줄기가 서늘해졌다. 전조등을 켠다는 게 와이퍼를 켜고, 드라이브가 아니라 파킹으로 작동해 차가 산으로 가서 아주 혼이 빠지는 경험도 했다. 처음부터 잘하는 사람은 없고, 그런 사람이 있다면 그는 인간이 아닐 가망성이 높다.

나는 집을 나서기 전에 혹시 가다가 정 못 가겠으면 택시 타고 올 생각으로 현금을 두둑이 챙겼다. 중간에 화장실 가고 싶을까 봐 두 번씩 다녀온 후 운전석에 올랐다. 시도라는 건 두려움을 이겨야 가능한 일이다. 나는 그 두려움을 견뎌낸 덕분에 등 뒤에 날개를 달아 자유를 얻었다. 또한 운전에 익숙해짐으로써 더 많은 교육의 기회를 접할 수 있게 되었다. 그 교육을 통해 또 다른 도약을 준비 중이다. 물론 이런 내 시도에 주변이 잠잠해지려면 얼마 동안의 시간이 필요하다는 걸 모르지 않는다. 그렇게 되기까지는 수많은 부정적인 것들을 견디고 시기와 질투 어린 충고들을 다시 감내해내야 할 것이다. 이미 알고 있으므로, 크게 두렵지 않다.

아직 끝나지 않은 길

진정 멋진 건 소신 있게 자기 일을 하는 자신감 어린 모습이라 생각한다.

마음에 용기를 품은 사람은 숭고하고 아름답다. 돈이 많다고 멋있어 보이는 건 아니다. 지위가 높다 해도 그게 멋있어, 라고 말해주고 싶지 않다. 진정 멋있는 사람은 수많은 상처를 품고, 그 상흔을 바탕으로 상대의 상처를 이해하고 공감할 줄 안다. 그는 본인의 의지로 한 단계 한 단계 올라선 사람이다. 산마루에서 서서 솔바람을 맞아본 사람만이 알 수 있는 특유의 표정이 있다. 그의 표정을 보며 이면의 감내들을 읽어낼 줄 아는 사람도 멋지다.

일본 격언에 이런 말이 있다.

'차가운 돌 위라도 3년을 계속 앉아 있으면 따뜻해진다.'

나는 작년 겨울부터 일본어를 시작했다. 선생님은 나고야가 고향인 일본 사람이고 이름이 '이시다 요시코'다.

가게 운영하느라 바쁘지만 배움의 즐거움을 알기에 일단 회화 위주로 방향을 잡았다. 글쓰기도 제대로 하고 싶은 마음에, 작은딸의 학습지를 나도 하겠다고 했다. 초등학생들이 주로 공부하는 일일학습지 형식인데, 지금까지는 내 수준에 딱 맞아서 좋은 것 같다.

서른 살 때 일본어 공부를 시작했다가 사정상 그만두었는데, 가벼운 조깅한다 생각하고 다시 즐거운 마음으로 배워볼 참이다. 요시코는 나고야가 돌이 많은 고장이라며 웃었다. 나는 벌써 일본연수가 가고 싶어, 돌이 많은 요시코의 나고야에 들르고 싶어서 마음 한쪽이 근질근질하다. 내게 배움이라는 것은 그게 어떤 분야든 아직 끝나지 않은 길이다. 아는 만큼, 배운 만큼, 노력한 만큼 기회가 더 많아지는 무한기회의 세상이라 참으로 고맙다는 생각을 한다.

한국에 오면 꼭 들러야할 맛집으로 선정되려 오늘도 바늘 한 땀의 정성으로 하루를 마감한다. '우카이 도리야마' 같은 멋진 식당을 위해서도 내가 무언가를 배우는 일은 끝나지 않을 것이다.

불안은 어디에나 있다

장사나 잘해!, 책 내도 인 사 볼 수도 있어, 나중에 하지 그래? 좀 더 있다가, 사기꾼 출판사 많아. 조심해!, 가게에 사장이 없는 가게는 망하는 지름길이다, 어딜 그렇게 빨빨거리고 다녀? 식당 이거 하는데 공부는 무슨!, 돈 잘 벌고 있는데 뭔 공부?, 좀 편하게 살아라. 신상 들볶지 말고, 네 분수를 알아라!, 적당히 살아!

최근 내 목표들을 듣고 지인이나 주변 사람들이 충고하듯 해준 말을 열거해보았다.

하지만 나는 무릎 꿇지 않는다. 더 많은 사람들의 응원과 지지를 받고 있다. 앞에서 하는 말들은 이 정도지만 내가 뒤돌아서면 더 심한 말이 오간다는 걸 모르지 않는다. 충분히 알고 느끼고 있다. 그들이 손가락질해도 두렵지 않다. 배우는 데 나이도 없거니와 부끄러울 것도 없다. 비난의 말에 쉽게 흔들렸다면 현재의 나도 이 자리에 없었을 터였다.

내 배움의 시도를 누구보다 나 자신이 지지한다. 열아홉 살 때 봉제공장 그만두고 야간대학 다니며 유치원 교사한다고 했을 때도, 내 상사는 물주전자나 들고 잡심부름이나 할 것이라 비아냥거렸다. 그러나 나는 멋지게 아이들을 맡아냈고, 친절한 선생님이라는 소문이 나기도 했다.

처음 운전을 배운다 했을 때도 사람들은 위험하고 큰일 난다며 겁을 줬고, 서울 강남에 모임이 있어 차를 몰고 나서면 그렇게 복잡한 곳은 버스가 제일이라며 못 가게 막았다. 그러나 고속도로는 오히려 속도감을 느끼고 음악을 크게 틀고 달리며 스트레스를 풀기 좋았다. 서울도 복잡하긴 하지만 좋은 분들 옆에 모시고 다니며 경영철학을 듣는 시간으로 활용하니 더없이 유익했다.

4년 전 처음으로 북경 해외연수를 간다 했을 때도 '팔자가 좋으니 놀러간다'는 소리를 들었다. 그러나 나는 호텔 룸메이트와 맺은 인연으로 불황 속에서도 매출이 2배로 뛰는 성과를 냈다. 식당 사장으로서의 진정한 자세를 처음으로 마음에 새기게 된 계기도 연수에서 비롯되었다.

2014년, 이름도 생소한 '카카오채널마케팅'을 배우러 다닐 때도 비난의 말을 들었다. 함께하자 했던 사람들은 바빠서, 눈이 침침해서라며 핑계를 대고 가지 않았다. 그러나 나는 그렇게 배운 카스를 통한 책 출간까지 기획하기에 이르렀다. 많은 비난의 말이 나를 향하지만, 나에 대한 관심이라 생각하면 지극히 고마운 일처럼 여겨진다. 전국의 많은 구독자들이 조용히 진심으로 응원하고 계시다는 것도 잊지 않는다.

아기들이 처음 걸음마를 뗄 때 위험하다고, 그 걸음이 불안하다는 이유로 가만히 앉혀 놓는 건 정말 우매한 일이다. 그런 부모들은 세상 어디에도 없을 것이다. 아이가 한 걸음을 뗄 때마다 함께 기뻐하고 응원하고 격려의 말을 보내는 게 부모의 역할이고 심정이다.

눌러보면 위험한 일은 얼마든지 많다. 모험을 시도하는 것은 위험하지만 이제까지 알지 못했던 새로운 세계를 선물해준다. 배우는 일도 마찬가지라 생각한다. 내가 걸음을 떼는 게 불안하고 위험하고 쓸데없는 짓 같아 제자리에 있었더라면 지금의 나는 없다.

감사하게도 내게는 아주 많은 '꿈 지지자들'이 있다. 앞으로도 더 많은 꿈 파트너들을 만날 것이다. 꿈을 선포하면 주변 사람들이 시기와 질투를 한다. 그 단계를 잘 이기면 조용해진다. 또 다음 단계를 넘어 성과가 확 드러나면 그들은 어느새 옆으로 와 본인들이 내 지인인 것을 남에게 자랑하기에 이른다. 성과가 지속되고 확장되면 성공의 비결을 들으려 귀를 기울이고 내 말에 영향을 받기 시작한다. 이 사이클은 늘 있어 왔고 얼마든지 또 있을 것이다. 그러니 시기와 질투에서 비롯되었을 모든 비난의 말들, 나에게 오라.

05

나는 고수다, 그래서 성과를 낸다

차별화, 그리고 특별한 그 무엇

특화, 특제소스, 맛있고 깨끗하고 친절하고 이 삼박자를 고루 갖추기란 참으로 힘든 일이다. 맛있는데 조금 웃었으면, 친절해서 좋은데 좀 깨끗했으면, 깨끗하고 친절한데 맛이 그저 그러네, 등등 하나가 괜찮으면 다른 하나가 미비하거나 한다. 이렇게 셋을 고루 갖추기도 힘든 판에 차별화해야 살아남는다니 한숨이 절로 나온다.

  나는 성패를 가르는 것은 큰 차이가 아니라 생각한다. 맛도 모양도 비슷해 보이는데 한 쪽 집으로만 손님들이 몰린다면 그건 분명 어떤 미묘한 차이가 있다는 말이다. 비슷하게 무난하지만 미묘하게 다른 맞물림이 독보적이고 차별화된 맛을 구축한다. 물론 다른 여러 방식이나 여건들이 뒷받침되어야 차별화라는 것도 가능하다. 한 가지만 잘해서, 한 가지만 차별화되어서 성공의 길을 걷는 것은 아니다.

앞서 말했듯 나는 그 미묘한 맞물림의 차별화를 위해, 가장 먼저 밥상 구성과 먹는 방식에 포인트를 두기로 했다. 나는 이를 '차별화 전략'이라 일컫는다.

하나. 상추나 깻잎을 과감하게 빼고 대신 곱창김을 제공했다.

둘. 일반적으로 초장이 나오지만, 우리 가게는 직접 갈아 양념에 무치는 전어젓갈을 초장 대신 제공했다.

셋. 곱창김에 바다해초를 올리고 회와 전어젓갈을 곁들여 쌈을 싸는 방식으로 바꿨다.

'곱창김'은 1년 중 보름만 나오는 귀한 김이며 원초가 곱창을 닮았다 해서 어부들이 곱창김이라 부르기 시작했다. 철분, 비타민 등 영양가가 일반김보다 5배 이상 높게 함유되어 있다.

처음 접하는, 김에 회를 싸먹는 방식을 낯설어하거나 이상하게 여겼던 손님들도 맛을 보고 나면 얼굴 표정부터 달라졌다. 생전 처음 경험하는 독특한 세계의 맛이라 말하는 손님들도 있었다. 끝까지 상추나 깻잎을 찾는 손님에게는 우리 가게의 방식만을 고집할 수는 없으니 원하는 대로 제공하는 게 맞다. 그러나 거의 대부분 손님들은 곱창김에 얹은 해초와 전어젓갈을 잊지 못해 가게를 다시 찾았다. 그 손님이 다른 손님을 데려오고 그렇게 입소문이 나며 현재 우리 식당은 여주 최고 맛집 중 하나가 되었다.

오늘도 대리운전 영업사원들이 박하사탕을 놓고 간다. 여기도 저기도 같은 마케팅으로 가격 경쟁 전쟁 중이다. 자칫 잘못하면 다 함께 사라질 수도 있다. 나는 어떤 가게든 차별화, 특화만이 살길이라 생각하며 최선을 다한다.

골든타임, 5분을 잡는다

'골든타임'은 원래 화재 초동진압이나 응급환자에게 적용되는 것으로, 5분 안에 불길의 진압이나 심정지 혼자의 생존율이 판가름됨을 뜻한다.

식당영업에도 '골든타임'이 있다. 이 또한 급박하고 중요하다. 손님이 가게로 들어서서 최초의 이미지를 구축하는 일은 5분 내에 이루어진다. 아직 메뉴 선택도 안 했지만 이미 마음속에, 앞으로 나올 음식을 향한 긍정 또는 부정의 선입관이 생긴다. 거의 5분 안에, 빠르면 3분 안에 이미지가 결정되는 것이다.

나는 식당영업에서의 골든타임을 세 가지 의미로 분류한다.

하나. 가게 문턱을 넘는 찰나 또는 출입문을 막 열고 들어왔을 때 손님이 온몸으로 그 가게의 기운을 느끼는 시간이다.

카운터 사장, 또는 지배인, 직원들의 환영의 아이컨택이 이루어져야 하는 중요한 순간이다. 눈은 손님의 눈을 부드럽게 바라보고 가볍게 미소 지으면 된다. 이때 특히 조심해야 될 손님이 있다. 몸이 불편하신 분이나 연로한 어르신, 돈이 없어 보이는 차림새, 그리고 자녀가 세 명 이상인 젊은 가족손님 등이다. 이렇게 조금 특이한 느낌의 손님들이 입장할 때, 사람을 위아래로 훑거나 계속 쳐다보며 수군거리는 행동은 금물이다. 식사 중인 다른 손님들도 이미 그런 행동을 하고 있을 가능성이 높다. 특이성 있는 손님은 이미 자기가 사람들의 시선을 받을 거라는 걸 짐작하고 있다. 때문에 이럴수록 더 조심스럽게 대해야 한다.

둘. 적절한 자리안내이다. 비어 있는 적당한 곳으로 안내하며 무조건 손짓하는 것은 지양해야 한다. 자리 안내는 손님들이 접하는 그 가게의 첫 서비스라 해도 과언이 아니다. 연인이면 이왕 아늑하고 조용한 자리로, 부모님이나 편안한 가족모임은 환한 창가로, 어린아이가 있고 자녀 수가 많은 손님은 작은 룸으로 적절하게 안내되어야 한다. 만약 손님이 다섯 분이라면 넓은 테이블 또는 두 개의 테이블을 연결하는 센스를 3초 안에 가동한다.

셋. 자리 안내를 잘하고 물이나 메뉴판을 바로 가져가는 시스템적인 동작이 필요하다. 우리 가게는 이것을 하나의 규칙으로 정해놓고 있다. 사소하게는 물을 늦게 가져가 항의하는 경우도 많다. 우리나라 사람들은 대체로 급하므로 그에 따라 박자를 맞춰야 한다.

식당영업에서 골든타임은 손님들의 만족도와 재방문율을 높인다. 이는 가게만의 브랜드 이미지를 구축하게 하고 매출과도 연결된다. 식당 서비스라는 것은 어느 한 가지만 잘해서 이루어지는 것이 아니다. 그런 측면으로 나는 직원들에게 늘 골든타임의 5분을 기억하라고 강조한다. 이 급박한 타임, 5분이 내 가게를 살릴 수 있다.

경우의 수를 확보하는 것

식당을 운영한다면 어느 곳이나 주방팀과 홀팀 사이에 대립각이 서 있기 마련이다.

그래서 나는 늘 양쪽을 대변하며 회의를 진행한다. 양쪽을 대변한다는 건 중용의 자세를 갖춰야 가능한 일이다. 중용은 일어난 일에 대해 여러 각도에서 조망하는 시선을 전제로 한다.

대상이 식당이라면 현장 경험이 풍부해서 어떤 상황에서든 재빨리 대처할 수 있는 경우의 수를 많이 확보해야 한다. 나는 지금 거의 주방에 들어가지 못하고, 전체를 챙기는 일이 벅찰 정도의 규모를 운영하고 있다. 몇 년 전까지만 해도 주방에서 앞치마 차고 설거지하고 돌뚝배기와 냄비 닦는 일도 했다.

주방에 들어가게 된 동기는 처음에 가게를 맡았을 때의 문제가 요인이있다. 주빙 아주미니들에게 내가 어떤 지시를 하면 콧방귀만 뀌고 말을 듣지 않았다. 어린 나이에 주방경험도 없고 하니 내 말보다는 몇 년 동안 해오던 본인들의 편한 방식을 고집했다. 본인들 방식을 바꾸려 하지 않고, 주인인 내 방식을 주장하니 나중에는 둘이 한 번에 그만두었다. 나는 주방 일을 배울 수 있는 기회인 것 같아 차라리 잘됐다 싶었다.

사람을 구하지 않고 최소 인원만으로 주방을 꾸려나가기 시작했다. 나 혼자서 2명 이상 해야 할 일을 한번 해보기로 했다. 밤늦게까지 일하고 아침에 일찍 출근하려니 입에서 단내가 났다. 하지만 아침 7시에 출근해 영업시간이 끝나는 11시까지 하루 장사할 것을 묵묵하게 준비했다. 어떻게 하면 단시간에 여러 일을 해낼 수 있을까 고민하는 일도 병행했다.

퇴근 후 영업 준비에 필요한 모든 작업을 A4용지에 쭉 나열해 적었다. 30개 정도의 항목이 나왔다. 여기서 또 오전에 꼭 해야 할 일과 오후에 손님 없을 때 할 일, 저녁 퇴근 전에 잠깐 짬을 내 할 수 있는 일을 추렸다. 그랬더니 아침에 일이 반으로 줄고, 그 반의 일에서도 한 가지 작업을 하며 여러 일을 맞물려 하니 시간이 훨씬 단축되었다. 그런 과정을 이어가며 주방 일을 회 뜨는 거 빼고는 거의 다 마스터했다. 그런 후에 주방 직원을 새로 구성했다. 새판을 짠 것이다.

나중의 마찰을 피하기 위해 나는 면접볼 때 아예 처음부터 못을 박았다. 주방에 들어서고부터는 본인 생각을 다 버리고, 모든 방식과 야채 길이, 다듬는 법까지 내가 원하는 대로 해야 한다고 말이다. 일의 순서를 하나하나 설명하며 그 시간에 왜 그 일을 해야 하는지 내가 체득한 것을 바탕으로 자세히 설명했다. 일단 직원이 구해지면 일일이 붙잡고 내가 별안간 주방을 점검해도 한눈에 알 수 있게끔 내 방식, 내 매뉴얼 그대로 지켜갈 수 있게 했다. 내 계획과 예상이 들어맞아 비로소 주방 시스템이 효율적으로 돌아가기 시작했다.

나는 어떤 일이든 사장이 체험해보고 알아야 사람을 제대로 부릴 수 있다고 생각한다. 처음 이전 오픈했을 때 주방 구성원들이 내 말에 콧방귀를 뀌고 자기들 방식으로 일관했던 이유도 여기에 있다. 바로 경우의 수를 내 쪽에서 확보하지 못했기에 벌어진 일이다. 일도 해보지 않았으면서 뭘 아느냐는 힐난은 어쩌면 당연했는지도 모른다. 내가 너무 잘 알고 동선을 지시하니 주방직원들도 자연스럽게 따를 수밖에 없다. 또한 그것이 더 효율적인 방식이라 느끼면 즐겁게 임할 수도 있다.

그로부터 몇 년이 흐른 요즘, 여러 직원들의 손을 거치며 방식이 조금 흐트러진 감이 들 때도 있다. 식재료가 있는데 또 시키고 직원용 식재료를 많이 시켜 못 먹고 버리는 일도 종종 생긴다. 내 경우의 수를 바탕으로 했던 방식을 다시 들여다보며 기름 치고 닦고 조여야 하는 시기가 찾아온 것이다. 마음의 새판을 짜고 적용해야 한다.

닦고 조이고 기름 치지 않으면 결국 헐거워지고 녹이 슨다. 다 함께 스러질 수밖에 없는 상황에 놓이게 된다. 어영부영 대강 마인드로는 외식업 정글에서 살아남을 수는 없다. 때론 어쩔 수 없이 손에 피를 묻혀야 할 때도 있는 게 사람의 생이다. 내가 정한 원칙이 다른 핑곗거리로 용납되어선 안 되기 때문이다. 즐겁고 유쾌하고 편안한 식당 내에서도, 조금만 깊이 들어가면 이런 긴장감의 연속이지만 무릎 꿇지 않는다. 나는 프로다.

밤새 댓글 읽는 여자

손님들의 심리와 고객관점을 나는 후기 댓글에서 자주 배운다.

몇 년 전부터 자기 전에 한 번씩 남의 가게 평가글을 읽기 시작했다. 그러다 우리 가게로 시선을 옮겼다. 사실 사장으로서 내 식당에 대한 후기를 읽는 것은 다소 두려운 일이다. 하지만 언제까지 피할 수는 없었다.

처음에는 잘한다고 했는데 내 의지와 상관없이 또는 서로 소통의 부재로 우리 가게에도 좋지 않은 댓글이 달린 적 있었다. 댓글이 올라오는 그때그때의 홀 상황을 대강 알고 있었던 터라 손님이 불만을 어떻게 표현했는지 궁금했다. 쭉 읽어보니 분명 배울 점이 많았고 미처 알지 못했던 부분도 있었다.

'아, 저런 상황에는 저런 말은 저렇게 받아들일 수 있겠구나.'

'저 부분은 저렇게 좀 더 신경 써야겠구나.'

나는 밤새 댓글들을 들여다보며 이런저런 생각과 방향을 고민했다. 처음 떨리고 낯 뜨거워 보지 못했던 것도 공부의 기회로 삼으니 즐거웠다. 우리 가게 댓글을 열심히 보는 것을 넘어, 잘되는 다른 가게나 유명한 가게, 연예인이 하는 가게 등 여기저기 전국적으로 범위를 넓혀갔다.

한두 개의 댓글부터 많게는 수백 개의 댓글까지, 책 읽듯 몇 시간을 뒤지며 읽어 내려갔다. 그렇게 댓글 공부를 한동안 하다 보니 공통적으로 느껴지는 게 있었다. 그 식당을 다시 가지 않겠다는 이유가 가격이 비싸거나 음식이 맛없어서가 아니라는 점이다. 불친절이 거의 80퍼센트, 조금 더 심하게 말해 100퍼센트인 경우도 있었다. 불친절하다고 느끼는 순간부터 음식이 맛이 없고 다 불만으로 느끼기 시작한다는 것이다.

또 하나 중요한 것은 잘못한 점 자체를 핵심으로 야박한 댓글을 다는 게 아니었다. 사과의 태도에서 두 번 실망하는 순간 댓글 악마로 변한다는 거였다.

현재도 댓글들을 참고해 우리 가게의 운영방식에 적용하고 있다. 다른 가게 댓글도 충분히 탐독해 손님들이 느끼는 심리와 경우의 수를 파악하기도 한다. 댓글을 읽다보면 손님들의 마음을 살피는 심리학자가 따로 없다. 손님의 한마디 말이 어떤 지침서보다 현실적이고 파급력 있는 길잡이가 된다. 나는 배우는 거라면 어디든지 마다 않고 달려간다. 댓글 하나에도 수많은 세계가 열려 있다. 이 세상에 살아남아 진화하는 모든 것은 강한 것이 아닌 변화에 재빠르게 적응하는 것들이라 나는 믿고 있다. 그러므로 늘 변화에 적응하려 노력한다. 그런 믿음은 앞으로도 변하지 않을 것이다.

손님의 컴플레인은 노랫소리

몸에 제대로 피가 돌지 않으면 만병의 근원이 된다. 가게운영이라는 것도 손님이 일단 많이 와야 매출을 타진할 수 있다. 그런 후에야 원가계산이 어떻고 직원관리가 어떻고 논할 수 있다는 말이다.

명절을 앞두면 그 여파 때문인지 아무래도 가게에 손님이 뜸해진다. 나는 이런 시기마다 피가 바짝 마른다. 얼마 전 주방 신입직원이 첫출근 했는데 피가 더 마르는 듯했다. 저 입에 넣어줄 밥을 더 벌어야 할 텐데 하는 마음에서였다.

지난 명절에도 문을 열기로 결정해 미리 시댁에 다녀왔다. 작년 명절에도 문을 열었다. 그런데 지나던 나이 지긋한 어르신이 너는 조상도 없느냐며 혼을 내고 가셨다. 사정상 가게 문을 어쩌다 닫으면 이제 배에 기름이 껴서 문 닫는다 하고, 열심히 하려는 마음으로 명절에 문을 열면 여주의 모든 돈을 갈퀴로 긁어 가느냐며 비아냥거리는 말을 한다.

　나는 그런 말 얼마든지 들어도 좋다. 손님만 많으면 그런 소리마저 감사하다. 피 마르는 것보다 더 아프겠나. 주방직원들 애먼 벽타일 청소시키고 홀 직원들 창고 대청소시키며 달력 쳐다보고 월급날이 왜 이리 빨리 돌아오느냐 한숨 쉬어본 사람은 안다. 이런저런 소리가 다 노랫소리로 들린다.

　우리 가게 직원들 입에 밥알 넣어줄 수 있다면 못들을 소리도 없다. 손님이 뜸해 손 놓고 있는 시간은, 머리끝부터 발끝까지 피가 마르는 시간이다. 많은 손님이 찾아오고 직원들이 활발하게 움직인다는 것은 가게에 피가 돌고 있다는 말이다. 그러므로 일단 가게에서 식사하는 손님들의 어떤 소리도 다 노래다.

　노기 띤 목소리로 따져 묻는 손님, 별것 아닌 것 같은데도 내내 불평을 쏟아내는 손님, 이래저래 트집거리를 잡아 시비 거는 손님의 소리들, 다 노랫소리다. 그 모든 것들을 노랫소리로 들을 수 있다는 건 그만큼 내공이 쌓였다는 뜻이다.

　이미 자기만의 방식과 세계를 터득하고 나면 세상의 쓴소리도 달게 들린다. 방금도 어떤 손님이 카운터로 와 한참 동안 노래를 하고 가셨다.

　아, 감사하다.

북큐레이션 • 한계를 뛰어넘는 인생을 살고 싶은 당신이
〈벼랑 끝에 혼자 서라〉와 함께 읽으면 좋은 책

실패를 거름 삼아, 위기를 기회 삼아 설레는 삶을 사는 이들의 이야기가 당신의 인생을 바꿀 것입니다.

무일푼에서 50억 자산가로 리더십 수업!

아내 CEO 가정을 경영하라

최미영 지음 | 12,800원

무일푼 남편을 50억 자산가로 만든 대한민국 1호 아내 CEO, 가정의 운명을 바꾸는 아내 리더십을 말하다!

불행한 어린 시절, 가난한 20대와 신혼 생활을 건너 50억 자산가 남편을 만든 이 책의 저자 최미영은 한 사람이라도 공감하고 변화하는 데 동기부여만 될 수 있다면 하는 마음으로 이 책을 썼다. 저자 역시 지금은 '가정을 경영하는 아내 CEO'라는 타이틀을 찾았지만 그동안 자신의 역할이 무엇인지, 단지 남편과 아이들의 뒤치다꺼리나 하며 그 그늘에 평생 가려 자신의 목소리를 내지 못하는 것은 아닌지 고민하며 살았다. 그러나 세상에 없는 모델을 찾아가며 힘겹게 자신의 길을 개척했다.

이 세상에서 경영, 회계, 실무, 교육까지 모두 담당하는 유일한 사람이 한 가정의 아내다. 그런 아내가 변화하면 가정의 운명이 바뀐다. 아내가 선장이 되어 키를 어느 방향으로 돌리느냐에 따라 가족 구성원이 사회에서 제 역할을 하느냐 그렇지 못하느냐가 결정된다. 이 책은 세상 모든 아내들이 가정을 매니지먼트하는 아내 CEO가 되어서 당당한 목소리를 찾을 수 있도록 돕는다.

저질 스펙도 최고 인재로 실행력 수업!

미친 실행력

박성진 지음 | 13,800원

지방대 출신, 공모전 기록 전무, 토익점수 0점의 저질 스펙 소유자! 미친 실행 하나로 국내 최고 유통 기업의 TOP이 되다!

"꿈과 열정을 가지세요! 생각하는 것만으로도 꿈을 이룰 수 있습니다."
자기계발서에 나오는 단골 멘트다. 저자는 이 말에 동의하지 않는다. 꿈과 열정을 가지고 생각하고 다짐만 한다면 절대 원하는 결과물을 얻을 수 없다. 아무리 뜨거운 열정과 큰 꿈을 가지고 있더라도 실행하지 않으면 아무짝에도 쓸모없는 것이 된다.

당신은 꿈꾸기 위해 태어났는가, 이루기 위해 태어났는가? 아무리 생생하게 꿈꿔도 소용없다. 그것을 실행시키는 사람만이 승자가 된다. 오늘 하지 못한 일은 평생 실행하지 못한다. 저자는 '언제 할까?' 고민하지 않고, '지금 당장' 움직이는 미친 실행력으로 인생을 180도 바꿨다. 인생을 바꾸고 싶다면, '지금 즉시, 될 때까지, 미친 듯이' 실행하라!

나는 1주일에 4시간 일하고 1000만 원 번다

신태순 지음 | 13,800원

**전 재산에 대출까지 받아 배우는 데 투자한 남자의
1주일에 4시간 일하고 한 달에 1000만 원 버는 법!**

저자는 "일을 오래 한다고 해서 돈을 많이 벌게 되는 것은 아니다"라고 단언한다. '1주일에 4시간만 일한다'는 원칙을 철저히 지키면서도 한달에 1000만 원이 넘는 고수익을 올리고 있는 그는 짧게 일하면서 많은 수익을 올리는 방법은 '배움'에 있다고 주장한다. 저자는 강의를 듣고 책을 사는 데 버는 돈 전부와 대출받은 돈까지 쏟아부었고, 사업의 스승들을 만나 회사를 차렸다. 이 책에는 저자가 명문대를 졸업하고 행정고시에 실패한 후 '자기 자신만으로 인정받기 위해' 영업 전선에 뛰어든 사연, 강의를 듣고 책을 사는 데 전 재산을 투자한 이야기, 회사를 차리고 '아무 상품도 없는' 상황에서 매출을 올리며 회사를 끌어온 노하우 등이 고스란히 녹아 있다.

아내에게 다시 직장이 필요할 때

이정미 지음 | 13,800원

경단녀, 1년 만에 남편 연봉 따라잡기 프로젝트!

결혼한 여성을 흔히 '아줌마'라 부르며, 전문 분야에서 일하는 여성을 '커리어우먼'이라 한다. 그리고 육아와 가사노동 때문에 경력이 단절된 여성을 '경단녀'라 칭한다. 이들은 20대에 열심히 사회생활을 하다가 자의 반, 타의 반으로 다시 사회에 복귀하지 못하고 있다. 교육수준이 높아지면서 여성의 사회 진출은 선택이 아닌 필수인 상황이지만 결혼과 출산으로 항상 여성은 경력을 포기하는 처지가 되기 일쑤다. 그러나 경제위기가 지속되면서 현실적으로 전업주부로는 살 수 없는 가정이 늘어나고 있다.

지금 처한 상황과 입장은 중요하지 않다. 대한민국 현실에서 아줌마로 경단녀로 고민만 하지 말고 남편에게 힘이 되어주고 아이들에게 자랑스러운 엄마로 행복한 나를 완성하고자 한다면 재취업은 선택이 아니고 필수다. 이 책을 통해 당신은 현실의 벽을 넘어 성공적으로 사회에 복귀하는 가장 효과적인 방법을 찾을 수 있을 것이다.